एक अनाम कवि की कविताएँ

[कविता-संग्रह]

एक अनाम कवि की कविताएँ

प्रस्तुतकर्ता

दूधनाथ सिंह

राजकमल प्रकाशन

ISBN : 978-81-267-2821-3

मूल्य : ₹ 400

पहला संस्करण : 2016

प्रकाशक : राजकमल प्रकाशन प्रा. लि.
1-बी, नेताजी सुभाष मार्ग, दरियागंज
नई दिल्ली-110 002

शाखाएँ : अशोक राजपथ, साइंस कॉलेज के सामने, पटना-800 006
पहली मंजिल, दरबारी बिल्डिंग, महात्मा गांधी मार्ग, इलाहाबाद-211 001
36 ए, शेक्सपियर सरणी, कोलकाता-700 017

वेबसाइट : www.rajkamalprakashan.com
ई-मेल : info@rajkamalprakashan.com

मुद्रक : बी.के. ऑफ सेट
नवीन शाहदरा, दिल्ली-110 032

EK ANAM KAVI KI KAVITAYEN
Represented by Doodh Nath Singh

एक अनाम कवि की कविताएँ और लोरियाँ

ये कविताएँ मुझे प्रेमा (श्रीमती प्रेमलता वर्मा) के काग़ज़ों में मिलीं। सन् 2005 में जब वे भारत आईं (फ़िलहाल वे अर्जनटीना की राजधानी ब्यूनोसाइरस में रहती हैं) तो अपनी रचनाओं का एक प्लास्टिक का थैला एक प्रकाशक के पास छोड़ गईं—इस आश्वासन के साथ कि प्रकाशक उनमें से छाँटकर जो चाहेगा, प्रकाशित करेगा। इस सिलसिले में कोई प्रगति न होते देख प्रेमा ने अपनी भतीजी भाषा सिंह को कहा कि वह रचनाओं का थैला वापस मँगवा ले। तब किसी तरह वह थैला भाषा के पास वापस पहुँचा। इसी बीच प्रेमा का फ़ोन मेरे पास आया कि मैं उस थैले में से उनकी कुछ रचनाएँ छाँटकर कहीं से प्रकाशित करवाऊँ। प्रेमा रिश्ते में मेरी पत्नी की बड़ी बहन हैं। वह थैला भाषा के पास से अनेक नामचीन कवियों के पास दिल्ली में टहलता रहा, लेकिन किसी ने भी उसमें झाँकने की कोशिश नहीं की। लोग अपनी आत्ममुग्धता में इतने व्यस्त रहते हैं कि किसी को फ़ुरसत ही नहीं होती।

उस थैले में प्रेमा की कविताएँ, शमशेर जी के साथ सारनाथ की यात्रा का विवरण, कहानियाँ, टीपें, आलोचनात्मक टिप्पणियाँ, संस्मरण—अनेक विधाओं की रचनाएँ थीं। उनमें से प्रेमा की कुछ कविताएँ छाँटकर मैंने 'साहित्य भंडार', इलाहाबाद से 'दो सरहदों के बीच' शीर्षक से एक कविता-संग्रह प्रकाशित करवाने में सफलता पाई।

प्लास्टिक के उसी थैले में सन् '80-'90 के दशक में कम्प्यूटर टाइप में टंकित यह कविताओं-लोरियों की पांडुलिपि भी मिली। पहली नज़र में कविताओं का पाठ करने पर मुझे यह पूरी पांडुलिपि किसी लैटिन अमेरिकन कवि की रचनाओं का अनुवाद लगी। इन कविताओं के ठाठ में कुछ-कुछ पाब्लो नेरुदा जैसा स्वाद है। मैंने अपने अति उत्साह में फ़ोन पर इन कविताओं और लोरियों में से कुछ

मुँह अँधेरे

मुँह अँधेरे जागकर
डूबते तारे से कहता हूँ
कहता हूँ उषा से
और ओस से सराबोर उस दूब से
कविता ही जीवन हो

पक्षियों के पहले कलरव से
जागें शब्द
उठें दूब की नोकों से
सूरज के आलोक में
खेतों की जड़ता तोड़ती
हल की नोक
काग़ज़ पर बेआवाज़ कलम
कैनवास पर फिसलता ब्रश
उठे गहन साधना में डूबी अँगुलियों से

शुरू हो ठकठक छैनी-हथौड़ों की
चाक पर रखे लोंदे से प्रकट हों मिट्टी के असंख्य आकार
चलें चरखे और करघे निरन्तर
ताने-बानों में उतरें
रंग बादलों के

फूटे संगीत
पैरों की चपल पेशियों की गति अँगड़ाई ले
मुँह अँधेरे।

मटमैले चेहरे के लिए

एक मटमैले चेहरे के लिए मैं देता हूँ
एक उजला शब्द
बादलों से लौटा वह शब्द
कुछ दिन पहले धूप में था
उस दिन बगुले पाँत बाँधकर उड़ रहे थे
सुर्ख़ आसमान में
शान्ति का वह रंग नहीं था
न ही वह ख़ुशहाली का संकेत था
जाने-अनजाने मैंने एक इनको शब्द
दे दिया
मटमैले चेहरे के लिए
जिसमें आग थी।

शुरू कविता का अरण्य

शुरू कविता का अरण्य
गहन पथ
निस्तब्ध रात
दूर-दूर तक
ठहरी हुई

पत्तियों की छाँव
से ढँका पथ
अब खुला है
दूर सुलगते ठूँठ से
उठ रहा जो धुआँ है वहीं कहीं
वृक्ष का विस्मृत गीत है।

बहुत दूर चलकर

बहुत दूर चलकर
लगा यह कि
शब्द और उसकी ताक़त के बारे में
मैंने कुछ कहा नहीं
धूप और अँधेरे का देखना
सोच-सोचकर शब्दों में भरा नहीं
पहाड़ों की ऊँचाई के अन्धकार को
धूप को दुगुना करती
नदी की धार को
शब्द की ताक़त से तौला नहीं

शब्द की चमक और उसकी ताक़त का ख़याल
चारों ओर की बेचारगी में
एक विस्मय था
ताक़त का इकट्ठा होते जाना
लोग जान गए थे
और वे अपने बचाव में
छिप रहे थे
हालाँकि शब्द उन्हें बाहर निकलने के लिए
पूरी ताक़त से दे रहे थे आवाज़।

शब्द

शब्द करते हैं, सम्मोहित
गढ़ते हैं धुन्ध बुनते हैं जाला
पीढ़ियों को नहलाते हैं ख़ून में
बनाते हैं मनुष्य को ईश्वर
अपनी ही सीमा में खोलते हैं, जटिलतम रहस्य

युद्ध और शान्ति का मसौदा वे ही बनते हैं
प्रेम को देते हैं नए-नए अर्थ
हमारी रिक्तता में, वे ही भरते जाते हैं, सूखे पत्तों की तरह
वे ही होते हैं, सबसे सम्मोहक और मादक

अकेले आदमी के पास
वे ही मँडराते हैं, चमगादड़ों की तरह
उनमें होती हैं तासीर बर्फ़ और आग की
उनमें फूल और काँटों का सुझाव होता है

हथियारों से कहीं ज़्यादा उनका पैनापन
बेधता है, समय
कभी-कभी वे जीभ पर चढ़कर तलुओं तक पहुँच जाते हैं
या फिर बदल जाते हैं आसपास हिलती पूँछ में

कभी-कभी उनमें एक शिखर दीखता है
तो कभी वे मरीचिका में बदल जाते हैं
कभी-कभी उनमें तराशे जाने की ठक-ठक सुनाई पड़ती है

वे रचते हैं सपने

फिर जीवाश्मों की तरह बदल जाते हैं इतिहास में
वे रम्ज़ देते हैं शत्रु की पहचान की
वे बताते हैं हत्यारों के लक्षण
वे फूलों में छिपा जाते हैं, आग
जिसे बहुत कम लोग जान पाते हैं।

विरुद्ध

रख दिया है अब, शब्द को शब्द के विरुद्ध
दोस्तों को दोस्तों के विरुद्ध

और ज़मीन को ज़मीन के विरुद्ध
पेड़ों के साथ धुन्ध में डूबी चिड़ियाँ
अब नहीं देखतीं फैला हुआ जाल
और एकदम पास आता बहेलिया
रास्ते हो गए हैं रास्तों के विरुद्ध
भीड़ में चेहरे रख दिये गए हैं, चेहरों के खिलाफ़

ख़तरा बहुत नज़दीक से होगा
इसी शक में अब काँपने लगे हैं हाथ
गिलासों की तरफ़ बढ़ने में

शब्दों के भीतर किन्हीं पंक्तियों की आड़ से
होगा विस्फोट
ज़मीन लड़ने लगेगी ज़मीन से
अपनी-अपनी नदियों, पहाड़ों, खनिजों और
महान मृतकों की दुहाई देकर

सुबह के साथ काले अक्षरों की भीड़
निर्वासित कर जाएगी भ्रम के जंगलों में
साँचों में ख़बरें ढालकर
उन्हें सिक्कों में बदलकर, सात समुन्दर पार
हँसेंगे ख़बरों के तस्कर

हर ख़बर, एक चेहरा है
और हरेक चेहरा, एक ख़बर
लेकिन अब रख दिया है उन्हें भी
एक दूसरे के विरुद्ध।

जो मिला अनायास

जो कुछ मिला अनायास
उससे बाहर देखने के लिए
दो आँखें थीं प्रदीप्त, तारों की तरह
दो पैर थे अपनी राह गढ़कर
बाहर जाने के लिए
देखकर वह प्रस्थान बिन्दु
बेहद और बेहद होते जाना था

कन्दील-सी देह में, निष्कम्प-लौ को ढोना था
बाँचना था अपना लिखा, अपने प्रकाश में
जागती और सोई आँखों में
दूसरा कोई नहीं था
सब कुछ स्वगत, एकालाप

भ्रम, कि दूसरा सुनता, पढ़ता है
भ्रम, कि शब्दों से फूटते हैं रास्ते
भ्रम यह भी कि रास्ते कहीं तक जाते हैं
दरअसल शब्दों की राह से
अपना ही गमन रचना था
अपने ही जीवन की कविता को धोना-पछींटना था
राह में थककर
अपने ही क्लांत बाज़ुओं पर
ज़रा देर सुस्ताना था।

युग के नायक

युग के नायक जन्म ले चुके हैं
फ़िलवक्त वे कहीं धूल में सने होंगे
फ़िलहाल वे किसी देशी–पाठशाला में
पढ़ रहे होंगे सड़ी–गली किताबें
वे दोपहर का खाना लेकर दौड़ रहे होंगे
खेतों की तरफ़
वे बाँट रहे होंगे अख़बार
ढो रहे होंगे सामान
साफ़ कर रहे होंगे बरतन
युग के नायक लगे होंगे क़तारों में
वे हो चुके होंगे बेघर
माताओं की गोद से वे गुपचुप
देख रहे होंगे अत्याचार
मौसमों के ताप में
नंगे तनों की तरह
तपकर वे सख़्त हो रहे होंगे
हो सकता है आज की रात
भूखे ही सो रहे हों
युग के नायक।

ध्रुव तारे के लिए लोरी

अन्तरिक्ष की स्याह परतों में
गिर पड़े हीरे की तरह
चमक रहे हो तुम, काल को चिढ़ाते
निर्जन सन्नाटे के बर्फ़ीले रेगिस्तान में
चमक रहे हो सदियों से

राजपुत्र के मिथक से जुड़े
किसी ने तुमसे जोड़कर राजपुत्र का नाम
चाहा होगा तुम्हें अमर करना

सत्य के साक्षी बनकर
साक्षी बनकर शपथ के
दिशा में निधन बनकर चमकते हो
वैश्वानर के माथे पर पसीने की बूँद की तरह

सूर्योदय से तय नहीं होती दिशा
तुमसे ही तय होता है, उसका होना
भटके पैरों और दृष्टि के लिए
जैसे तुम कोई अदृश्य डोर हो कठपुतली की

तुम्हारी नींद से खो सकता है, एक विश्वास
तुम्हारी नींद से फैल सकता है दिशा-भ्रम
डिग सकता है शपथ का आधार

तुम्हें मछली की आँख की तरह
सो जाना चाहिए

अपने एकान्त निर्वासन में
ओढ़कर निस्तब्धता, सो जाना चाहिए
यह जानते हुए कि करोड़ों की आँखें लगी हैं, तुम पर

अपने निपट अकेलेपन में
हर कोई तुम्हें खोजता है
सो जाओ कि आसमान ढक चुका है बादलों से
और मिट चुके हैं दिशाओं के सन्दर्भ
चौथे पहर की ओस को, रोक लिया है बादलों ने
सो जाओ कि उषा ने
रँग दिये हैं बादल
सो जाओ कि
रात में मुसाफ़िरों के लिए
रह गया है, तुम्हारी मौजूदगी का अर्थ।

कामयाबी

कामयाबी सिर्फ़ कामयाबी है
नैतिक और अनैतिक माइनों से अलग
वह सिर्फ़ कामयाबी है

एक ने दिन को रोटी से तोड़ा था
तो दूसरी तरफ़ पलक झपकते छल की सुनहरी छलाँग थी
जिसमें पीढ़ियों का फ़ासला था

एक दाँव के आगे
अर्थहीन हो चुका था, वर्षों का ईमानदार पसीना

पके बालों और झुर्रियों में
नहीं तलाशे जा रहे थे तजुर्बे के निशान
कामयाबी स्वप्न की तरह साकार थी
उनके पास कामयाबी के मंत्र थे
और बाक़ी दुनिया, एक क्लासरूम में सिमट चुकी थी
उनकी उम्र से, सीढ़ियों का कोई तालमेल नहीं था

वे एकाएक विश्व की महानतम पत्रिकाओं के मुखपृष्ठ पर
प्रकट हो चुके थे
उनका संघर्ष कभी विज्ञापित नहीं हुआ
वे सिर्फ़ सपनों को साकार करना जानते थे
उनके चेहरे का नाम ही आत्म-विश्वास था

उनके आसपास वे ही लोग थे
कभी जिनके अक्षर, रंग और स्वर, लोगों के चेहरों से मेल खाते थे

हमने जिन पर भरोसा किया था
लेकिन आग की परछाईं में सिर्फ़ राख और तिनके शेष थे

वे जितनी सीढ़ियाँ चढ़ते थे
तो दूसरी तरफ़ उतनी बस्तियाँ उजड़ती थीं
बढ़ते मरीज़ों का दवा उद्योग से सीधा सम्बन्ध था
वही था कामयाब, जिसमें मुँह का निवाला छीनकर
दाँव पर लगवाने का माद्दा था
जो सपनों के लालच में, तुड़वा सकता था गुल्लकें
जो बेच सकता है, सपने बेरहमी से
जिसकी आँखों का स्मृति से कोई वास्ता नहीं है
जिसकी छलाँगों से
छूट जाती है, वह दुनिया
जो बेहद आत्मीय और अनमोल थी

लेकिन अब उसका वजूद
जिंस और आँकड़ों तक सिमट चुका है
उनके मंत्रों से रचा जा रहा है नया वाङ्मय
जिसमें सिर्फ़ चीज़ें, लक्ष्य और मुनाफ़ा हैं,
जिसमें आदमी घट चुका है एक संसाधन में।

यह अँधेरा मुझसे लिखा न जाएगा

यह अँधेरा मुझसे लिखा न जाएगा
मैं इसका छन्द नहीं जानता
मैं इसका बन्द नहीं जानता
कहाँ इसके चेहरे में हैं, आँखें कहाँ-कहाँ कान और ज़ुबान
इसका मौन जैसे, सबका है मौन
कितने-कितने हाथ-पैर
फैले कहाँ-कहाँ, जीवन के तार-तार कोनों में

हाथ काले, ठंडे और कठोर
बाँट रहे वाग्देवी, ताम्रपत्र, ओढ़ा रहे शॉल
बौनों को बाँट रहे रत्न और भूषण
अँधेरे के हाथों पुरस्कृत अँधेरा
दगाबाज़ यह समय काला, कर रहा विज्ञापित उजली मुस्कान
मुझसे यह निर्लज्ज प्रहसन देखा न जाएगा

चढ़कर रेत की सीढ़ियाँ पचास
वही बिसात वही मोहरे
दोस्तों में आ मिले, दुश्मनों के चेहरे
घरों तक पैठ उनकी हो गई आसान
जो मारा जाएगा देखेगा वही, हत्यारे में राम
वह राम, हर्गिज़ मुझसे लिखा न जाएगा

सत्य को, सौन्दर्य को और प्रेम को विद्रूप करते
अपने व्यसनों के मुआफ़िक
इनके अक़्सों को सिरजते
गढ़ रहा बुत अँधेरों के नित नए

वक़्त में पसरा हुआ शैतान
इनका अनावरण, मुझसे देखा न जाएगा

इसके आगे, कुछ फ़ासले पर, मोड़ पर
मिल जाओगे, मनमुआफ़िक
अँधेरों के रंगसाज़, कलमकार
यह अँधेरा तो मुझसे हर्गिज़ लिखा न जाएगा।

दो नदियाँ

एक नदी है
जिसमें डूब मरा था, उसका बेटा
जिसे वह कहती है 'हत्यारी नदी'
जो लील गई उसका सपना
जो अब पूज्य नहीं रही उसके मन में

एक और नदी है
जिसमें डूब गया किसी और माँ का बेटा
इस पर वह कहती है
'माँ ने बुला लिया अपने पास'
'सुला लिया गोद में'
जिसे वह आज भी पूजती है
उतारती है, आरती
विसर्जित करती है दीये
नहाते हुए महसूस करती है बेटे को

नदी के अँधेरे–पानीदार बरामदों में
सो रहे बेटे के लिए
जलाती है, दीये
हत्यारी नदी
कुछ फ़ासले पर, मिलती है एक पवित्र नदी से
जिसका मिलना संगम है, तीर्थ है।

जीने की कला

जिनके पास, जीने के विकल्प हैं
उनके ही लिए है जीने की कला
जिनके पास, जीवन चुनने की आज़ादी है
उनके लिए व्यंजनों के चुनाव की तरह है, जीने की कला
कुछ-कुछ आभूषण और परिधान चुनने और देह की
शाही देखभाल की तरह

जिस घेरे के भीतर पैर चक्कर काटते हैं
दृष्टि, जहाँ से लौट आती है
आह! वह जीवन है दुखद, एकरस
इसके बाहर पर्यटन है, विलास है

जैसे कोल्हू के बैल को
पत्थर तोड़ते मज़दूर को
सिखानी है जीने की कला
ताकि व्यवस्था में, क़ायम रहे अमन-चैन
गहरे आत्म-सम्मोहन में या किसी भ्रम में, आनन्द की अनुभूति
या दुख चिन्ताओं और संघर्षों से ज़रा देर ध्यान हटाने के लिए
आध्यात्मिक-निश्चेतन या निरपेक्ष होने का भ्रम है, जीने की कला

जिस दुनिया में भूख ग़रीबी और हिंसा है
उसके ही भीतर, अवचेतन में रचना है
इन्द्रलोक, वहीं ख़ुद को बिठाना है, कल्पवृक्ष के नीचे
गहन आत्म-सम्मोहन में, वहीं रचना है नक़ली स्वर्ग

जैसे यही पलायन है जीवन से

कायरता और खुदगर्ज़ी
जिसे कहा जा रहा है, जीने की कला
ध्यान हटाना है, पैरों-तले खिसकती ज़मीन से
सुलगते लाक्षागृह से
लूट-खसोट में लगी व्यवस्था से

जीने की कला, हम भूल चुके हैं
क्योंकि हम पड़ोसी से अनजान हैं
हमने गिरा दिये हैं घोंसले
हमने धरती से अंकुरित होते बीज को
और खिलते फूल को कभी विस्मय से नहीं देखा
हमारे बीच से मंगलगीत और लोरियाँ जा चुकी हैं।

हताशा

एक दिन पत्थरों से आहत उम्र लौटती है
एक दिन, ठग लिये गए समय की राख
चेहरों पर उड़ रही होती है
चारों ओर एक-एक कर खिड़कियाँ बन्द होने लगती हैं
और सीढ़ियाँ गिरा दी जाती हैं

मसीहा और समर्थ विश्वास, हमें अकेला छोड़
अपने-अपने स्वर्गों में लौट चुके होते हैं
लाख कोशिशों के बाद, पहाड़ जैसे दुख
राई में नहीं बदलते

मुफ़लिसी के बौने और कुबड़े पेड़ों पर
मुश्किलें, अमरबेल की तरह, फैलती जाती हैं
एक रोटी, उम्र की अन्तिम रोटी लगती है
बहुत दयनीय लगने लगते हैं बुत
भीख में मिले खोटे सिक्कों की तरह

सोने-चाँदी से मढ़ी आँखों के पीछे की ठंडी, निष्प्राण जड़ता
और अँधेरे में, हम अपना ठगा गया समय तलाशते हैं
भाग्य की डोरों से कठपुतलियों की तरह बँधे नायक और महानायक
रोज़-रोज़ के तमाशों से हमारा सबसे क़ीमती वक़्त लूट लेते हैं

फिर हमारे चेहरों पर प्रारब्ध की कालिख मल दी जाती है
चालाक धन्धेबाज़ों की तरह वे अन्तिम हताश ग्राहक को भी
हाथ से नहीं जाने देते, वे इसे कहते हैं परीक्षा की घड़ी
चलते-फिरते और ज़िन्दा बचने रहने को

वे उसका ही रहमो-करम कहते हैं
अकाल-मौत मर चुके लोगों, अपंगों, कोढ़ियों
असाध्य मरीज़ों, भिखारियों और पागलों से तुलना करते हुए
वे हमें ख़ुशकिस्मती का दिलासा देते हैं
और फिर उसी भ्रम के सामने सिजदे में झुकाते हैं

गहन हताशा में, सिर्फ़ अँधेरा, हमें घेरने आता है
पहाड़ों की चुप्पी जैसे हताशा का चेहरा है
काठ और पत्थर हो चुकी चीज़ों पर तारे झुकते हैं
बारिश उनका ताप धो जाती है
उनकी निराश दरारों से जीवन झाँकता है

हवा और धूल हमसे लिपटने लगती है
थकी देह के लिए धरती बनी रहती है, उतनी ही उदार
कोई फूल, हमारे चेहरे को पढ़कर स्तब्ध हो जाता है
हरेक हताशा हमारे भीतर एक और खिड़की खोलती है
हम रोज़ जितने अकेले होते जाते हैं
जैसे उतना ही दुनिया को जानते जाते हैं

निर्बन्ध आकाश, मुक्ति के लिए उकसाता है
और यह हताशा, अन्तिम दाँव के लिए।

हँसी

हँसी के लिए सब ओर की खिड़कियाँ, दरवाज़े बन्द हैं
हँसने का कोई बहाना कोई कारण नहीं
दूसरा, कोई नहीं, हँसने के लिए
सिर्फ़ असफल होने के सन्दर्भ में
कुछ ग़लतियाँ, कुछ मूर्खताएँ बची हैं

चारों ओर की हँसी से घिरा भयभीत हूँ
ठहाकों के बीच, हत्यारों को बड़ी सुविधा है
चीख़ें दबा देने की
हथियारों की भाषा छिपा लेने की आड़ है

आसपास इतने बेफ़िक्र और हँसमुख चेहरे हैं
कि कोई दुख निपट अकेला पड़ गया है
इतना अनसुना और उपेक्षित कि
कोई पहाड़ की तरफ़, कोई दीवाल की तरफ़, कोई आसमान की तरफ़
या कोई पेड़ की ओर मुँह करके रोता है
रोना अब कायरों के खाते में है
और हँसी जैसे सिकन्दर है

हँसी की कला ऐसी कि बेशर्मी, और झेंप
जिससे ढँकती जाती हैं
अनेक फ़ायदे हँसने के जैसे वह रोगों का कवच है

हँसते चेहरों में आत्म-विश्वास का भ्रम छिपा है
माया के जाल में फँसे, कीट-पतंगों को देख हँसते हैं, ज्ञानी
मैं अट्टहास के जंगल में रहता हूँ

उसकी चुनौती झेलता हुआ

हँसी, समय का फेर है
अगर हँसना-रोना परछाईं है सुख-दुख की
तो एक दिन हमारी भी बारी है
जिसमें हँसने के कारण इतने, कि उम्र छोटी है।

जिन्हें देखा नहीं

जिन्हें देखा नहीं उनके चेहरे
बारिश, दीवालों पर बनाती है।
अपनी याददाश्त से धूप उन्हें सुधार देती है
एक मकड़ी बुनती है उन पर जाला
और छिपकली जिन पर चलती है दबे-पाँव

जिनकी तस्वीरें नहीं, उनकी पहचान
धुली होती है रंगों और पानी में
उनका चेहरा रोशनी में फैला होता है
उनकी छायाएँ छिपी होती हैं रात में
उनका स्पर्श हवा में घुला होता है
उनकी आवाज़ें आकाश में होती हैं

जिनकी तस्वीरें नहीं; उनकी भूख
पानी की जीभ से किनारे चाटती है
उनकी गन्ध कहीं धरती में होती है

नाम लेने से वे आते हैं
झोंके और बगूलों की शक्ल में,
आँखों में धूल भरने
उनके विकल हाथ भड़भड़ाते हैं खिड़कियाँ और दरवाज़े
मंत्रों के ख़ाली स्थानों में वे रहते हैं
बलि के अन्न का भाग लेने वे आते हैं
उनके अदृश्य चेहरे, हमारी पहचान तय करते हैं
वे क्या चाहते हैं, हमारी दुनिया से?
क्यों भटकते हैं, जीवन के आसपास?

उजड़ते घरों को छोड़कर नापते धरती
हम चले जाते हैं नए प्रदेशों में
तब वे हमारी स्मृति में बैठकर, यात्रा कर रहे होते हैं
रात के चौथे पहर
पानी के अतल अन्धकार से
उठती हैं उनकी सिसकियाँ

कभी-कभी वे हमारे शब्दों में उतरते हैं
रास्ता रोकते हुए
उनकी मुक्ति का समय
छिपा होता है
इन्हीं शब्दों के पार, छलाँग के जोखिम में।

वीरान और उजाड़

यह हताशा, क्या सिर्फ़ मेरी हताशा है?
या मेरे चेहरे की स्याही ने
इस शाम की उदासी से एकरंग होकर
इसे और उदास और स्याह बना दिया है

फ़कत एक पत्ते की तरह
क्या मेरा टूटना, सिर्फ़ मेरा टूटना है?
या फिर पेड़ का कुछ कम हो जाना है
जैसे एक तारे के टूटने से
आकाश, कुछ कम आकाश हो जाता है

पिता के टूटने से, कोई दीवाल गिरी थी, भरभराकर
तब वहाँ पर टूटे और अरक्षित घर में
धूप, हवा और बारिश ने पैर पसार लिये थे
सन्नाटे के पक्षियों ने जमा लिया था डेरा
टूटी दीवाल के कोने में एक कुतिया जनी थी
जैसे, निर्जन और वीरान, वहीं कहीं था, घर के आसपास
जिसे दाख़िल होने के लिए, सिर्फ़ टूटने-उजड़ने की प्रतीक्षा थी

प्रकृति, जैसे प्रतीक्षा करती है, जगह ख़ाली होने की
और सहसा उसे भरने लगती है
जैसे अपनी खो गई छवि को, फिर बनाने लगती है
आहिस्ता-आहिस्ता उसमें घास-फूस और झाड़-झंखाड़ उगने लगते हैं
बीज फैलाने, वह हवा और पक्षियों को भेजती है
दूर निर्जन और उजाड़ प्रान्तरों तक

छिपाती जाती है, कई बे चिरॉग गाँव, अपने भीतर
एक भग्न मन्दिर, एक टूटा कुआँ, और एक बूढ़ा बरगद
बचा रह जाता है, डूबते मस्तूल की तरह

ख़ाली वीरान और बन्द घरों में
हवा मुट्ठियों में धूल लेकर आती है
सब कुछ दफ़्न करने
अँधेरा तौलता है, काग़ज़ों की उम्र
धूप, सोख लेती है स्याही, कलम की
तलछट में बचा पानी
धीरे-धीरे उड़ जाता है, अपने निशान छोड़कर
भूखे चूहे, अपना गुस्सा, लकड़ी और काग़ज़ों पर उतारते रहते हैं

वीरान और उजाड़, हमारे आसपास ही रहता है
लगभग साथ-साथ, हमारी छाया के नीचे
उसे सिर्फ़
हमारी परछाईं के मिटने की प्रतीक्षा रहती है।

अभी हूँ

अभी हूँ, तिरस्कृत, वंचित, अर्थहीन
अभी हूँ, अरण्य में झूमता बाँस, स्वर-विहीन
अभी हूँ, ठूँठा कुबड़ा पलाश, पत्रहीन

जागूँगा, पहुँचूँगा कल
शिखरों के निकट
भरूँगा स्वर दुखित अरण्य के
बिखेरूँगा रंग-प्रखर, दमित, सुप्त तपते भूखंड के

अभी हूँ राग अनसुना
अभी हूँ ज्ञान अनगुना
अभी हूँ नियति के हाथों का झुनझुना
कल, पिघलेंगे पहाड़ सुनकर उनके करुण राग
कल होंगे निर्वसन, छद्म ज्ञान के जगमग खंड
कल होंगे बौने धराशायी, आज जो हैं मंचासीन

बनूँगा कल, भूडोल का प्रबल कम्पन
भूगर्भ ज्वाल का ऊर्ध्वपुंज
अभी हूँ घुमड़ते ज्वार की करवट बेचैन

कल फेटूँगा, काल के कुटिल छद्म
कल होंगे, रजतमहल और स्वर्णशिखर सब भूमिसात
कल होगी अलंघ्य ऊँचाइयाँ, जलमग्न
रचेगी धरती, कल फिर नए शिखर
कल होंगे, उर्वर मरुक्षेत्र
कल होगा ही प्रस्थान खोज में उसकी
जिसे हमेशा झुठलाया जाता रहा है।

एक रात का घर

एक रात का है घर, पड़ाव एक रात का
कौन हैं जो जानते हैं जीवन का इतना बड़ा सच
शायद वे ही लोग, जो दर-बदर नापते रहते हैं धरती
जिनके बसेरे धरती के कोने-कोने में फैले हैं
जिनके पुरखे हर जगह अज्ञात कोनों में दफ़्न हैं
जिन्होंने धरती की हर धार को पिया है
सूरज, चाँद-तारों को देखा है हर तरफ़ से
नापा है मौसमों का साम्राज्य

वे हर बरस आते हैं
भेड़ों, ऊँटों और कुत्तों के साथ
उनके साँवले, ऊँचे सुतवाँ जिस्म चमकते हैं
धूप और चाँदनी में
पहचान के नाम पर उनके पास पहनावा है
गिलट के ज़ेवर और गोदने हैं
भाषा के नाम पर बोली
विरासत के नाम पर खाना, ठीकरे और गीत हैं
जैसे प्रसन्न है धरती अपने वैभव में इनके साथ
इन्हें माटी और उसके सपूतों के
कौन से पाठ पढ़ाए जा सकते हैं।

झूठ का चेहरा

बड़े जतन से गढ़े गए झूठ का चेहरा
अचानक छूँछे पटाखे की तरह बुझ गया
कुछ घंटे सड़ने से बची
अब उसकी देह है शेष

इस मोहलत के समय में
वे उसकी नुमाइश करने में
धरती–आसमान एक करने में लगे हैं
घरों–घर लोग सजे–सँवरे ताबूत की
नुमाइश परेड देख रहे हैं
खाए–पिए लोग सोफ़ों पर पसरे हैं
कुछ खाते, चबाते लोग
रोते चेहरों को देख रहे हैं

वहाँ इतनी भीड़ है कि
एक परिन्दा भी कैमरे की गिरफ़्त में नहीं
कुछ नामालूम से पेड़ हिल रहे हैं आहिस्ता–आहिस्ता
बज रहा है मृत्यु का संगीत
चार जोड़ी काले घोड़े खींच रहे हैं
ज़ंग–खाई शाही मुर्दागाड़ी
इक्कीसवीं सदी का शैशव ढो रहा है
अरथी साम्राज्यवाद की
सजे–सँवरे लोग जमा हैं सड़क के दोनों तरफ़
हाथों में गुलदस्ते लिये
जिनसे बीच–बीच में
पूछ लेते हैं झूठ के कारीगर

उसके बारे में जो अब नहीं है
झूठ की सड़ाँध को दबाने
फूलों पर फूल लद रहे हैं

शव के मुकाबले
असुन्दर है कब्र का अँधेरा
और उसमें उतरता ताबूत
और उससे भी भयावह है
उसे मिट्टी से ढाँपा जाना
यह सब रखा गया है
कैमरे की आँख से दूर
ताकि मृत्यु से पराजित सौन्दर्य का झूठ
बना रहे रहस्य... ?

आख़िर एक दिन उसे

आख़िर एक दिन उसे
अपने ज्ञान के साथ बिक जाना है
उसके ज्ञान को
उनका पहरेदार हो जाना है
हाँ! उनका ही राज़दार और वफ़ादार हो जाना है

वह ज्ञान उन्होंने अपनी ज़रूरत के लिए बनाया था
स्वीकृत कराया था
उसी ज्ञान से उसे रचना है
मुनाफ़े के नित नए उपाय
उसके ही ज्ञान को
उनकी अकूत-सम्पदा के योगक्षेम का भार उठाना है

क़िस्म-क़िस्म का ज्ञान
उनकी माँग के अनुरूप रचा जाना है
उसके साथ ही साथ ज्ञान को भी
उनका दास हो जाना है

सीखे हुए ज्ञान से
एक को रचना है, अभेद कवच और ढाल
बुनना है शब्दों का विधिवत जाल
छिपाते और बचाते जाना है, सुनहरा अन्धकार

एक को सेंध लगाना है
सुनहरे अन्धकार के दुर्ग में
उतारना है, छापामार शब्द

जहाँ से है ख़तरा, ऐसा ज्ञान
उन्हें मिटाते, अमान्य करते जाना है
मूल्य उसका गिराते जाना है
दो वक़्त की रोटी तक उसे समेटते जाना है
भला, उनसे बेहतर ज्ञान का पारखी
और कौन हो सकता है!

कहाँ है हमारी जगह

कहाँ है हमारी जगह ?
यह झील तो तारों का दर्पण है
ये चौराहे तो, भीड़ के मोड़ हैं
ये दरवाज़े और खिड़कियाँ
जिनसे उल्लास विदा लेता है
और थकान प्रवेश कर कहती है, यहाँ कहाँ है हमारी जगह ?

बाहर मौसम
बिताते, अपनी उम्र
भटकते हैं
बिना स्पर्श और अनुभूति के

फूल बतियाते हैं, गूँगे बच्चे से, वे कहते हैं
कि उसकी आँखें फूलों से ज़्यादा महकती हैं
कहाँ हैं गूँगे बच्चे की जगह ?
यह झील तो तारों में दर्पण है

अन्धा बच्चा पहली बारिश में भींगकर
छूता है वृक्ष का तना
पुकारता है पिता को
कहाँ है अन्धे बच्चे की जगह
हमारी जगमगाती दुनिया में ?
और यह झील, वह तो तारों का दर्पण है।

वह

पहले-पहल लकड़ी की तिपहिया गाड़ी लिये वह
सड़क पर आता है
इस अन्दाज़ से वह चलता है कि सड़क की ऊँचाई
तीन पहियों में अटती नहीं

वह नहीं जानता कि उसके आने से पहले सड़कें
हादसों से भर चुकी हैं
वह कुछ लोगों को देखता है जीवन ठेलते
सड़क-संकेतों से बेख़बर वह बढ़ता चला जाता है आगे
सड़क से उतरकर वह एक मैदान में आ जाता है

खेल-खेल में वह भी अपनी नन्हीं गाड़ी पर सवारी की प्रतीक्षा करता है
घर लौटती, एक चिड़िया उस पर आ बैठती है
और फेरी के बदले सुना जाती है गाना
हवा उस पर सवार होती है और छोड़ जाती है ठंडा झोंका
बादल उतरते हैं उसकी नन्हीं गाड़ी पर
और छोड़ जाते हैं फुहार

तिपहिया गाड़ी लिये वह मैदान में रास्ता बनाता है
चलते-चलते वह आकाश के दूधिया रास्ते पर निकल जाता है
घर लौटने से बेख़बर वह
भूल जाता है घर का रास्ता
सदा बढ़ते रहने के जुनून में।

मैं छोड़ आया हूँ

बहुत दूर, पीछे छूटे रास्तों पर
मैं छोड़ आया हूँ
एक विपन्न और आहत छाया
मौसमों के वैभव में उपेक्षित
एक धुँधली पगडंडी
शरद की चाँदनी में चाँदी का तार

इस वक़्त मेरे लिए सब
असाधारण हो उठे हैं
धरती जितनी तेज़ी से
चीज़ों की पहचान मिटाती जाती है
स्मृति उतनी ही तेज़ी से
उन्हें समेटती है

तुम्हारे लिए मेरी पहचान
तालाबों की सतह से
उड़े हुए पानी की तरह है
काई की तरह हरे हैं, मेरे अनुभूति-चिह्न
जिसे हटाकर तुम देखो
मौसमों से पका अपना चेहरा
और अपनी पीठ के पीछे से झाँकते
बादल, तारे और इन्द्रधनुष

मैं पानी की तरह हूँ
तुम्हारी अँगुलियों के बीच थरथराता
क्रमशः दूर होती हुई आवाज़ें

कहीं सघन हो रही हैं
वे कभी रास्तों पर छूट जाने वाली
चीज़ें नहीं हैं
मेरे पास तेज़ याददाश्त है
जो कभी-कभी खुल जाती है
पूस के बादलों की तरह।

उम्मीद तुम हो

उम्मीद तुम हो
एकान्त के विचार
आदमीनुमा अक्षर
अक्षांश-देशांशों पर तैरती रोशनी
उम्मीद तुम हो
जिसे मैं छिपा आया हूँ
पिछली तारीख़ों में
जिन्हें, बच्चे किताबों पर चढ़ाते हैं
जिनमें हमारी ज़रूरतें बँधकर आती हैं
घृणा का चेहरा जिनमें जीवित हैं

उम्मीद तुम हो, जो
लौट रही हो, धूल-पसीने से लथपथ
और तिरस्कृत खोकर अपना गौरव
असुरक्षित अपने घर में
उम्मीद, तुम चढ़ रही हो
भोंथरे शब्दों पर पानी की तरह
न्याय, जब भय का पर्याय है
और टिड्डे तोड़ते हैं जाला
सब्र, जब शोषण की मोहलत है
उम्मीद तुम हो, जो एक दिन तोड़ोगी मर्यादा
नदियों के सब्र की
रात और मौसम की
चुप्पी और भूख की

उम्मीद तुम हो जिसके हिस्से में है सिर्फ़ एक रोटी है

जिसे हम सुला देते हैं डाँटकर
जिसे हम चीथड़ों में पालते हैं
जिसके लहूलुहान कन्धों पर
हम खड़े होते हैं
वफ़ादार नागरिकों की तरह

उम्मीद तुम हो
जो आती हो खैराती शिविर में
जब दानवीर, बँटवारा कर रहे होते हैं
जब मसखरे और नायक
मुखौटे उतारकर
ऊँघ रहे होते हैं
वीभत्स मुद्राओं में।

सन्त

क्या भूख को भूख
ग़रीबी को ग़रीबी
और ज़ुल्म को ज़ुल्म कहने से वे डरते थे?
क्या उन्हें पता था इस रास्ते पर चलने का अंजाम?
क्या उन्हें पता था, कि फ़कत इन मुद्दों पर
भीड़ नहीं आएगी उनके पीछे?
उनकी सभा में शामिल न होंगे
लुटेरे, अत्याचारी, बर्बर और हत्यारे

हालाँकि, उन्होंने भोगी थी ग़रीबी
जाना था भूख को
और सहे थे ज़ुल्म
फिर, वे इस सच्चाई से मुँह मोड़कर क्यों चले गए?

वे बढ़ते ही गए अज्ञात आनन्द की नशीली, रहस्यमय घाटी में
जहाँ सबसे बड़ा शत्रु उनका ही मन था
अज्ञात मोक्ष की राह में,
उनका ही शरीर था सबसे बड़ा बाधक और विकारी,
दूसरा कोई नहीं था

अदेखे अतीत के पापबोध और कर्मफल
वर्तमान में प्रारब्ध का भोग
और अज्ञात भविष्य के भय ने उन्हें जकड़ रखा था
उन्हें भ्रमित कर रखा था कुछ ऐसे शब्दों ने
जो ईश्वर की वाणी के रूप में प्रचारित थे
उन्हीं के तानों-बानों से

उन्होंने बुना था रहस्यमय जाल
उसमें भरे थे रंग अटपटी भाषा से
मरीचिका की तरह जो फैला था ओर-छोर
जिसमें, भूखों को रसों में निस्सारता लगती थी
प्रतिरोध में तनी मुट्ठियों को
सुनाई पड़ती थी लोरी
कुरुक्षेत्र दिखता था अपने ही भीतर
बाहर, सब नियति के हाथों की कठपुतलियाँ थीं

एक कठपुतली हत्या करती थी
और दूसरी को न्यायाधीश बनाती थी
कोई तीसरी सज़ा भुगतती थी
एक कठपुतली संसार में तबाही लाती थी
दूजी को हवस थी दौलत की तो
तीसरी की रोटी ख़तरे में थी
अजब से सम्मोहन और निश्चेतन में डूबे वे
देखते रहते थे कठपुतलियों का खेल
वे संसार में रहते थे और नहीं रहते थे
वे भोगी होते हुए अभोगी थे
उनका हरेक कर्म, लीला था

सम्मोहित भीड़ ने उनके क़िस्से गढ़े थे
किसलिए वे पैदा हुए?
किसलिए उनकी केंचुल को पूज्य बनाया गया?
उनका पक्ष क्या था? यह आज भी स्पष्ट नहीं
ढके-मुँदे छिद्रों और दरारों से
अगर एक दिन यह सच्चाई फूट पड़े
कि वास्तव में वे बर्बरों, अत्याचारियों, लुटेरों
और तानाशाहों के एजेंट थे
वे समाज के स्वास्थ्य के लिए
एच.आई.वी. विषाणु थे
और कुछ-कुछ ड्रग माफ़िया की तरह
तो, बहुत-सी पवित्र चीज़ें ख़तरे में पड़ जाएँगी

आज गहरी हताशा में जब वे
हमारे काम नहीं आते
तब उनकी पवित्रता से उठती दुर्गन्ध को दबाने
हमेशा से, फूल ही बलि चढ़ते आए हैं।

न्याय-अन्याय

आबादी से दूर एक ढाबे में न्याय और अन्याय साथ-साथ
पी-खा रहे थे
यह दावत अन्याय की तरफ़ से थी
क्योंकि हर वक़्त की तरह वही जीतता आया था

न्याय ने अन्याय से कहा कि
बहुत हो चुका अब ऐसा और नहीं चलेगा
लोगों का उठ रहा है विश्वास न्याय से
जो पैदल और ग़रीब थे वे न्याय से बीसों साल पीछे थे
न्याय ने कहा कि कुछ दिन अन्याय को बनना ही होगा उसका मेहमान
कुछ दिन चारों ओर फैलाना ही होगा अन्याय के ख़ात्मे का भ्रम
न्याय के बदरंग चेहरे को चमकाना ही होगा सुनहरी आभा से
अब कुछ दिन अन्याय चलेगा न्याय के पीछे-पीछे
कुछ दिनों में लोग इसे भूल जाएँगे
रोज़-रोज़ की ख़बरों से ऊब जाएँगे
फिर एक दिन अन्याय की ज़मानत हो जाएगी
छूट मिल जाएगी हाज़िरी की
फिर गवाह उसके पक्ष में बदल जाएँगे, कुछ ऐन-वक़्त मुकर जाएँगे
फिर अन्याय के पक्ष में मार्मिक अपीलें छपेंगी
उसका दुख विज्ञापित होगा
उसका लुटे-पिटे विज्ञापित चेहरे पर लोगों को तरस आ जाएगा
एक दिन अन्याय बाइज़्ज़त बरी हो जाएगा और जो पराजित होगा,
उसे ही अन्याय कहा जाएगा
इतिहास, इसी की मिसाल से लिखा जाएगा।

लीलाबाई

लालटेन के उजाले में
लीलाबाई के दस्तख़त
दरवाज़े पर आते हैं
वह उठकर, उस आकृति को पहचानती है
गुप्त-ख़ज़ाने की कूटलिपि के सिरे की तरह
उसे एक आकृति मिलती है
वह उसे पकड़कर
अँधेरी गलियों में दौड़ती है
दरअसल वह एक बुझी मशाल की तरह होती है
उसके अज्ञान से ज़्यादा ठग, जो दस्तावेज़ पर
उसका साक्षर होना मुकम्मिल करती है
पूरे होशो-हवास की स्वीकृति
जिससे मुकरने पर
हस्तलिपि विशेषज्ञ की राय
उसके ठगे जाने की
अपील को ख़ारिज करती है।

शहर छोड़ता कवि

शहर छोड़ता कवि, समेटकर ले जाता है
सड़कों की आवारगी, पेड़, बादल और चिड़ियाँ
बटोरकर तमाम सुबहें और शाम, वह चल देता है किसी सुबह

चौराहों की ख़ामोशी में निश्शब्द होती बारिश वहाँ छूट जाती है
वहीं छूट जाती है लैम्पपोस्ट की उदासी
भिखारी के करुण गीत में छूट जाता है उसका प्रेम

बहुत थोड़े-से दोस्त कविता-समय में
छाँव फैलाते खड़े रह जाते हैं मध्यान्ह में

वह ले जाता है अपने साथ डॉक्टरों की रिपोर्ट
स्कूलों के स्थानान्तरणपत्र, अधूरी कविताएँ
खो गए दोस्तों की स्मृति और घिसी चप्पलें

थोड़े-से लोगों के बीच छूट जाती हैं पंक्तियाँ
जिसमें उसका धुँधला चेहरा छिपा होता है
उसके साथ होती है बच्चों की उदासी
अन्धे रास्ते और बीमार पत्नी

भव्य समारोहों के मंच पर बैठे, हत्यारे और अपढ़
बताते हैं समाज और देश के प्रति लेखक की ज़िम्मेदारी
वे ही रचते हैं, नरक हर रोज़
बनाते हैं जीवन कठिन से कठिनतर
समापन के साथ ही जैसे वे बरी हो जाते हैं कवि से
उसे उसके हाल पर छोड़कर

शहरों, कस्बों की पारम्परिक उत्सवधर्मी–मूर्खताओं से जुड़े होते हैं
ऐसे सम्मेलन जिनमें कवि छोड़ जाता है घृणा

अख़बारों के कलाकार साफ़–साफ़ बता नहीं पाते
अपनी ग़ुलामी और मजबूरियाँ
बहुत थोड़े शब्दों से वे चलाते हैं अपनी रोज़ी

शब्दों की निस्सीम और रहस्यमय
दुनिया खोजता कवि, होता रहा है दर–बदर

छूटते लोग दुखों को ओढ़ते–बिछाते रहते हैं
ढिबरी के उजाले में एक बूढ़ा सिलता है टाट की कथरी
टूटे पहिए पर होती है बारिश
पीले मुरझाए चेहरे वाला लड़का
अब दिखता नहीं सुबह–सुबह स्कूल के रास्ते पर
बेतरह पीटी जा रही, रोती स्त्री की आवाज़
आत्मघात कर चुके युवकों के चेहरे
शब्दों में जगह बनाते हैं
धुएँ की लकीर की तरह पुराना पता मिटता जाता है

जाते–जाते वह धरती आसमान को देखता है
जैसे वे कहते हों
मिलेंगे अगले शहर में
सूरज, चाँद–तारों के साथ।

पेड़ों का सीधापन

कद्दावर पेड़ों का सीधापन ही
बनेगा, उनके काटे जाने का कारण
नाभि की कस्तूरी ही बनेगी लक्ष्य, बधिकों का

बहुत थोड़े लोगों में
जो बची है, दया और करुणा
बचा है, निश्छल प्रेम
एक दिन, वे ही हारकर अपना सब कुछ
बचाएँगे जीवन
वे ही, अपनी रोशनी और ख़ुशबू से
हमेशा देते रहेंगे, मौजूदगी का अहसास

बार-बार ईसा आएँगे, कई इन्सानों के भेष में
बहुत सारे मंसूर आएँगे
हमेशा की तरह हत्यारे रहेंगे उनकी प्रतीक्षा में
हर बार, उसी एक सच की धूप-छाँव में
धर्म का ढोंग ही बना रहेगा हत्यारों का अभयारण्य

सुनहरी आभा से घिरे होंगे सन्त
हत्यारों की मेज़बानी में

उन्माद और सड़ाँध के संकीर्तन में
लिखी होगी हमारी पराजय
देवताओं के पथराए चेहरे
बने रहेंगे कठोर, हमारे दैन्य पर
इनसे कुछ नहीं बदलेगा

और न ही इनके कोप से होगा बाल–बाँका

एक दिन तोड़कर, अज्ञात भय का घेरा
हमें अपने ही रक्त में नहाना होगा
अपनी ही आग में झुलसते हुए
पार जाना होगा अपने ही बाज़ुओं से
पहचानना ही होगा मकड़–जालों, केंचुलों और सड़ाँध देती चीज़ों को
एक दिन लेना होगा, निर्णय कठोर
अगर हमें प्यारा है जीवन
अगर अन्तिम मनुष्य हमारी पहली चिन्ता है।

सुख के दिन

नहीं हैं सुख के दिन
दो वक़्त रोटी देने वाले
कल की भूख को
चिन्तातुर करने वाले
आज के तृप्त
नहीं हैं सुख के दिन

हमारे भीतर की कातरता
को काटकर, बेचकर खानेवाले
नहीं हैं अपने दिन
अलग-अलग, गाँव और शहरों के
अलग-अलग कमरों में
अलग-अलग रोटी खाते
माँ-बाप, भाई-बहनों के तृप्त दिन
नहीं हैं सुख के दिन

खेतों में फैलते लोहा-सीमेंट के जंगल
हवा-पानी में ज़हर घोलते
लाल फीता काटकर हुंकारते
नहीं हैं सुख के दिन

सुख के दिन वे हैं
जिनमें कल की रोटी सुरक्षित है
जिनमें पसीने की बूँदें, मोतियों में बदल जाती हैं
जिनमें बच्चे भय को
फ़ुटबॉल की तरह खेलते हैं

हम जिनमें रहते हैं
अपने पशु–पक्षी
पेड़ों, नदियों और खेतों के बीच
अपने लोगों के साथ।

सूखे पत्तों से भरे हैं

सूखे पत्तों से भरे हैं
स्मृति के जंगल
मुझे गुज़रना है इन पर
पीठ पर हाथ बाँधे ख़ामोश
तारों की ठंडक, त्वचा के भीतरी
दरवाज़ों पर दस्तक देती है

भूल आया हूँ मैं अपना चेहरा
किसी पेड़ की जड़ों पर विश्राम करता
इन्हीं जड़ों-पत्तों, फूल-फलों
इसी माटी-पानी से बना हूँ मैं

हर वक़्त मैं ही होता हूँ
नीले पर्वतों की सन्धियों के बीच बहती हवा
गेहूँ की बालियों के भीतर से
इन्द्रधनुष के तारों पर अँगुलियाँ छेड़ता हुआ

मैं ही होता हूँ बेचैन दावाग्नि
विस्मृत रागों की खोज में
अपने ही दुख की तालों में निबद्ध
शिखरों के शून्य पर ध्यानस्थ
एकदम भौतिक चेतना

जीने दो मुझे अपने ही छुद्र विश्वासों में
अपनी ही क्लान्त बाजुओं के सिरहाने पर
करने दो विश्राम

अपने ही पैरों को भेजने दो पानी की तलाश में
जाने दो आँखों को आकाश के महासागर में
अपनी गति का विश्वास अर्जित करने
जागृत करने दो वे मंत्र, शब्द
जिनसे लड़ाया जा सके
चिड़ियों को बाज़ों से।

नहीं रुके दिन

नहीं रुके दिन
रुके तो सिर्फ़ सूखे-पत्ते
कुछ देर अलग पेड़ों के नीचे
नहीं रुके आम के बौरों पर ओले
रुके तो बादलों के नंगे हाथ, टहनियों पर झूलते

जो कुछ घटा पिछले दिनों
वह मैंने नहीं देखा अपनी व्यस्त आँखों से बाहर
समय का नीला चाकू कहाँ-कहाँ नाचता रहा
बारिश के बाद छाई घुप्प उदासी में
मैंने नहीं ढूँढ़ी दुख की भाषा
रह गया जो कुछ बिना छुआ, बिना देखा
वह मेरा पूरक अभिज्ञान था

मेरी अनिच्छित यात्राओं के साथ
हवा और धूप लिपटकर आई है
मर्ज़ी का समय, अब नहीं! अब नहीं!!
बन्दियों-सा सफ़र-दृश्य रह गया है

वही हैं हम, जो थे पिछले वर्षों के पिछले वर्ष
और वहीं होंगे अगले वर्षों के अगले वर्ष

कोई सघन तारों भरी रात
तालाबों को चुप्पी में
अपने लम्बे हाथ उतारेगी
और उनमें टूटे हुए तारे ढूँढ़ेगी

दिन तो रुके नहीं, रुके सिर्फ़ विस्तार
धूप–छाँव में डूबते–उतराते
एक हम ही चले आए वहाँ, झटपट
स्मृति में समेटे शामें और पेड़।

एक तुम हो

पहाड़ के कन्धे भिगोता चाँद
धीरे-धीरे पीला पड़ रहा है
पहाड़ उसकी दूधिया आब में
अपनी परछाईं देख रहे हैं

एक तुम हो
जो रोए जा रही हो
मेरी कमीज़ पकड़े

यह सोचकर कि तुम
कितनी ख़ूबसूरत हो जाओगी
रो लेने के बाद
मैं तुम्हें रोने दे रहा हूँ

क्योंकि, मैं तुम्हारे बचपन की दीवार का
मुखौटा जो हूँ
मैं तुम्हारी पीड़ा का मूल जो हूँ
मैं तुम्हारे रक्त का वेग जो हूँ

काँसे की खनक सी, उस धातुई हँसी से
जब, आन्दोलित हो उठेगी यह घाटी
घोंसलों में चीख़ उठेंगे पक्षी
बोलो, तब कैसा लगेगा?

अभी, सोई दूब की नोकों पर

तुम्हारे आँसू थमे हैं

चलो अभी कोस भर और
लोगों की नींदों और
स्वप्नों से दूर।

मैं सफ़र में हूँ

मैं ख़ाली बैठा हूँ
मैं काम कर रहा हूँ
मैं सफ़र में हूँ
हर मिनट की ख़ामोशी में
छूटते जा रहे हैं
सैकड़ों खेत, पेड़ और आदमी

सफ़र के ख़ाली समय में
मेरे आसपास उग आए हैं अनेक
भयभीत चेहरे
जो ख़ाली समय में बहुत बोलकर
अपना भय छिपाना चाहते हैं

कितने ख़ुशगवार चेहरे हैं यहाँ
जिनका है मर्ज़ी का सफ़र
कितने चेहरे देखते हैं झाँक कर बाहर
ख़ुद को उनके भीतर खोलते हुए
यह सोचते हुए
कि वे, वहाँ पर हैं
और वे कहाँ-कहाँ से छूटते जा रहे हैं

एकाएक सबको भूलकर
कितनी तेज़ी और हड़बड़ी में
एक-एक कर चेहरे
ग़ायब होते जाते हैं
अपने-अपने ठिकानों पर

मैं सफ़र में हूँ
मैं ख़ाली बैठा हूँ
मैं काम कर रहा हूँ
अपने आसपास और बाहर पर
निगरानी रखे हुए।

पृथ्वी सगन्धा

ओर–छोर धरती ने
खोले सुगन्धि कलश
पके खेत धान के
नशे में डोलते बाजरे
ज्वार के मुक्ता कलश
जगमगाते तिली के, प्रिय कर्णफूल

गन्ध के उन्माद में डूबी हुई
धरती मेरी है, डोलती
हवा इसमें डूबकर उन्मत्त है
उलीचती है, इत्र की नाँदें
महकते जंगलों पर

सराबोर गन्ध में डूबा खड़ा है ठिठककर
ठूँठा बबूल
दूर खेतों में, अकेली शाम है
उतरती–डूबती
धरती के सगन्ध रोमकूपों में।

कौन किसके लिए

कौन किसके लिए खड़ा है
इस चाँदनी से धुले रास्ते पर
कौन है यह जाग्रत प्रतीक्षा ?
यह वक़्त जो नब्ज़ के बाहर है
पेड़ों के निश्शब्द उच्छ्वास में कोई भाषा है
स्मृति की

पत्तों के पार जो कुछ धुँधला विस्तार है
वहाँ कौन किसके लिए खड़ा है ?

कोई नहीं आएगा अपने सपनों से बाहर
अपने नींद लेते पैरों की कोई नहीं घसीटेगा
वेवक़्त ठंडी ओस पर

यह संसार जिसमें बनैले पशु भी
इस वक़्त अहिंसक मुद्रा में सोते हैं
नन्हीं पत्तियों और घास के दुलार के बीच

यह मेरा विश्वास है जो उन रास्तों पर खड़ा है
जहाँ दूर-दूर तक ख़ामोशी बज रही है
जहाँ पेड़ों के फ़ासले पाटने
सपने और विस्तृत हो रहे हैं

यहाँ कौन किसके लिए आएगा
वह सिर्फ़ मेरी ही उच्छ्वास होगी,
मेरी ही आवाज़
जो चौंकाएगी मेरे ही भ्रम को बार-बार

बार-बार मैं यहाँ आऊँगा
और परिचित होऊँगा
एक-एक पत्ती से, एक-एक टहनी से
कौन किसके लिए आख़िर कितने बरस छोड़कर

मैं ही होऊँगा घाटियों के बीच बहते
कुहरे की तरह
पर्वत-शृंखलाओं पर बेचैन दावाग्नि
वर्षों के बाद भी एकान्त में वही
झरनों की पुकार
पत्तियों की सरसर
रात में चिहुँक उड़े किसी भयभीत पक्षी का
सपना मैं ही होऊँगा

मेरी इतनी उपस्थिति से
ये प्रतीक्षा से भरे पहाड़
कभी अकेले नहीं होंगे।

पेड़ विस्मृत होना शुरू होते हैं

आधी रात गए
ओस झरती है पहाड़ों पर
ओस में भीगे पहाड़ चेहरे हैं
कविता के
परस्पर टहनियों में गुँथे
नींद में डूबे पेड़ बसेरे हैं
कविता के

एक दूसरे के कन्धों पर
सोती घास
डोलती है हवा के साथ–साथ
सपना धरती का वहीं कहीं है

हर दिशा में नंगे पथरीले, उजाड़ पहाड़
हर कदम पर खड़े हैं
मैं जन्मा पहाड़ों के साथ–साथ
भीगने ओस में रात के चौथे पहर

कोहरे में डूबे पहाड़ों से
कहीं दूर डूबा है चाँद
और वह सुबह का तारा
कहीं दूर से लौट गया है बसन्त

मेरी कविता में सूने रास्ते पर
जलते अलाव के आसपास
हाथ बाँधे स्तब्ध हैं, पहाड़

वहाँ जो अनुपस्थिति और मौन है
वहीं है मेरे शब्दों का पड़ाव

पक्षियों के लिए
वहीं से पेड़ विस्मृत होना शुरू होते हैं।

नानी की नातिन

नानी की नातिन
नहीं जानती लोरियाँ
चुप नहीं होता बच्चा
उसके गानों से

क्या नानी की लोरियों में
घुली होती थीं
मीठी नींद की गोलियाँ?
क्या नानी जानती थी
फूलों और सपनों की भाषा?
क्या वशीकरण जैसी थी
उसकी लोरियाँ?
जिन्हें सुनकर हवा
शीतल हो जाती थी
थकान और बलाएँ
भाग जाती थीं दूर
महकने लगते थे फूल
चाँदनी के जहाज़ से
परियाँ उतरती थीं
पहाड़ों से फूट पड़ते थे झरने
छत्तों से टपकने लगता था शहद

कल जब बच्चे पूछेंगे
नानी की गुम लोरियों के बारे में
तो चुप हो जाएगी
नानी की नातिन

लोरियाँ वापस लौट गई हैं
फूलों और सपनों में
नानी के साथ
बच्चे रोते-रोते सो गए हैं
लोरियों के बिना।

एक और नई उम्मीद

एक और नई उम्मीद
खिड़की खोलती है
एक और नई पीड़ा
उससे झाँकती है

वे हरे मैदान
जिन्हें मैं पीछे छोड़ आया हूँ
मेरे बहुत आगे आ गए हैं
जिन पर तुम्हारी एकान्त चहल-क़दमी
अब उतनी तन्हा और बिछोह से भरी
नहीं रह गई है

यहाँ भी एक हरा घोड़ा बादलों से उतरा है
और बड़ी देर से हमारी प्रतीक्षा में खड़ा है

ले आओ! फिर से अपने उजले वर्ष
हथेलियों की ऊष्मा और संगीत से बहकते मन
ले आओ! इस निस्संग हरे मैदान में

मैं अजनबी हूँ यहाँ
दृश्य में एक मुसाफ़िर

मौसम की मेहरबानी बरस रही है
पत्तियों से टपकती हरेक बूँद में
तुम्हारी आकृति धरती फैल रही है

अगले मोड़ पर एक पत्थर
चट्टानों से बाहर झाँककर रो रहा है

कोई तस्वीर मैं नहीं देखूँगा तुम्हारी, जब हो जाऊँगा बेहद अकेला
होकर अजनबी ख़ुद से
इस हरे मैदान की तरफ़ निकल आऊँगा।

क्षणभंगुर संसार में

क्षणभंगुर संसार में
कितने बड़े हैं दिन
पसीने में डूबे

रास्ते कहीं दूर ले जाकर
मुक्त नहीं करते
बल्कि कुछ बजकर कुछ मिनट पर
उसकी मौजूदगी मुकम्मिल करते हैं
लौटाते हैं बार–बार
दुख–भरी लम्बी उम्मीद के धुँधलके

क्षणभंगुर संसार में
गारे और मिट्टी से सने हाथ
सूरज तक दीवारें उठा रहे हैं
असंख्य पौधे रोपे जा रहे हैं
भीतर ही भीतर
धरती को ख़ूब टटोला जा रहा है
हर तरफ़ से
भरती की जा रही है
तो कहीं छँटनी की जा रही है

क्षणभंगुर संसार में
इस उम्मीद पर
वह आज ही खो रहा है
अपना सब
कि कल किसने देखा है

आख़िरकार वह कल भी होता है
एक लम्बे दिन के सामने
कराह कर उठता हुआ
कमज़ोर और टूटा हुआ
उसे दिखाई जाती है धरती
जिसके भीतर वह रोशनी लेकर उतरता है किसी के
सुनहरे कल की तलाश में।

कुछ नहीं का, सब कुछ

कुछ नहीं का बना है दिन
रात कुछ नहीं की, पैरों के चिह्न कुछ नहीं के, धूल में
किसी गंतव्य तक जाती रास्ते के साथ-साथ धूल

धूल भरी आँखें कुछ नहीं की
सपने कुछ नहीं के
धूल में लोटते बच्चे कुछ नहीं के
कुछ नहीं का शब्द, पिता
माँ कुछ नहीं की

सपनों में डोलता एक किरदार
जिसका नाम और चेहरा नहीं
सिर्फ़ छाँव पड़ती सपने की
कुछ नहीं की ज़मीन पर

लपट की परछाईं में घाट पर डूबता सूरज
जैसे कुछ नहीं का
कुछ नहीं के शब्द, आकाश में, हवा में
बुलाते हैं बार-बार

कुछ नहीं का विश्वास फैला है निकट तथा ओर-छोर
जिसमें तिरते हैं पत्ते, शब्दों को ढाँपते

रात है कुछ नहीं की
कुछ नहीं का अँधेरा घेरे है आसपास
एक बेचेहरा शब्द, पहचान खोता

उतरता कुछ नहीं की शाम में
एक थका पंछी उसे दोहराता
लौटता है कुछ नहीं के घोंसले में

कुछ नहीं के इन्द्रधनुष से लिये है रंग
कुछ नहीं के सपनों में
सबको कुछ नहीं छोड़ते
लौटते हैं रंग
कुछ नहीं के रास्ते पर
अपनी एकरंग, एकलय उदासी में।

सिंगानामा

ग़रीब, मेरी बुआ
मजूरी करती, पूजा करती, भजन गाती
झगड़ती बात–बात पर
घर में सबके बीच रहती अकेली
अलग–थलग जलाती अपना चूल्हा
अलग अपनी पवित्रता और स्वच्छता में रहती मगन
थक कर हारकर और टूटकर सब ओर से
उसने चुनी यह जगह, महादेव के चरणों में
नौकरी पर जाते, सफ़र में
खिड़की से मैंने देखा सिंगानामा, आधी रात
बरगदों का गाँव, डरावना
अँधेरा, पसरा बरसात में
वहीं कहीं
दूर खेत के किसी झोंपड़े में
लालटेन की रोशनी में
वन–पशुओं से घिरी वह रहती थी
वह चली गई दूर
खिड़की से दूर, गहराती धुन्ध में
जैसे वह अब रहती है
मेरी कविताओं के घोंसले में।

मझोले खलनायक

मझोले क़िस्म के खलनायक कभी-कभी
दोहराए जाएँगे
कथानकों में

हमेशा की तरह
भुला दिया जाता है, मझोला आदमी

नायकों को चुनौती देते खलनायक
नायकों के साथ जीवित है, कथानकों में
इनके बिना पूरी नहीं होती कथा
उनके बिना नायक रह जाते फ़कत मझोले आदमी
तभी तो वे लीला के अपरिहार्य अंग माने गए हैं

पूर्व-शापित है, खलनायक
मुक्ति के आकांक्षी
अवतार है, नायक
अनन्त-कथाएँ अवतारों की
राई-रत्ती का हिसाब
जो चुनौती देता है नायक की सत्ता को
वही है ख़तरनाक

नायक की सत्ता में, कथानक जन्म नहीं लेते
वहाँ रहते हैं, सामान्य आदमी
जैसे बरगद के नीचे घास

खलनायक जन्म देते हैं कथानकों को

और संसार के मझोले आदमी
कथानकों को ओढ़ने–बिछाने और गाने–बजाने लगते हैं

दो छोरों के बीच चलती है दुनिया
अपने समय में
नायक और खलनायक को जाने बिना
जीते रहते हैं लोग

हमेशा की तरह इतिहास
बन्द लिफ़ाफे में
भविष्य को सौंपता है
नायक और खलनायक
हालाँकि इतिहास से कहीं ज़्यादा
गपोड़े रचते हैं कथानक
तब तक कथानक के पारखी बिदा ले चुके होते हैं

लीला के दुहराव से ऊबकर
नायक और खलनायक
आपस में बदल लेते हैं चोले
बदल लेते हैं अभिनय

नायक और खलनायक
बनने की लालसा लिये
मझोला आदमी
विदूषक में बदल जाता है।

सब छोड़ गए

सब छोड़ गए मध्याह्न में
पत्रविहीन, तपती पगडंडी पर

ले गए, आँखों में बचा जल
रक्त में घुली चाँदनी ले गए

चुरा ले गए शब्द, खिलौनों की तरह
लूटकर ले गए शब्द–रतन
अपनी हकलाती, अभिव्यक्ति में जड़ने
सजाने ठगी का रंगीन जाल, प्रबल हिंसा में
बनाकर बन्धक, ले गए कुछ शब्द
किसी ईश्वर तक बनाने पुल

ले गए पत्थर शब्द
आग से भरे निर्मम और कठोर
पीढ़ियों से जुल्मों के ज़ख़्म लिये
खुली नंगी छातियाँ सजाने
ले गए पसीने में डूबे दिन और रात
ले गए शब्द अनमोल
रचने भ्रम, धूपछाँव का

ले गए शब्द धारदार
पवित्र बलि के लिए।

जहाँ से भी जीवन चलता है

जहाँ से भी जीवन चलता है
वहाँ से तुम्हारी रोशनी छनकर आती है

वक़्त के निश्शब्द निर्वाण ने
हमें अपनी अनुपस्थिति का अहसास भर दिया है
मेरी आँखें टूटकर गिरते
किसी पत्ते के अकेले अहसास में गहरे डूब रही है

किसी बन्द रास्ते के दोनों तरफ़
गुमनाम होते पेड़ों की मनुष्यहीन संवेदना में
मेरी आँखें हैं, तुम्हारे ही प्रेम से भरी हुई
जो पीड़ा की साक्षी हैं

तुम कहीं दूर कोहरे में गुम एक आवाज़ हो
घाटी के घाव में भरी कोई गमक
फूलों की सगन्ध पुकार तुम हो
कहाँ-कहाँ मैं तुम्हारा एहसास जगाता हूँ
और कहाँ-कहाँ मैं तुम्हें पाता हूँ

किताब से कहीं ज़्यादा मैं तुम्हारे हाथों को देखता रहता हूँ
तुम्हारे ही हाथों में
मेरी विफलताओं की किताब
सफल होती है, तुम्हारे स्पर्श से।

स्थानान्तरण

टूटे गमलों में
चली आई मिट्टी बस्तर की
कुछ पौधे, जड़ें और बीज
सब यहाँ पड़े हैं, गलियारे में, गुमसुम
बस्तर के गिरिजनों की तरह

धुआँ और शोर से भरे इस शहर में
अलस्सुबह, देता हूँ पानी गाहे-ब-गाहे
वे जैसे आख़िरी दिन गिन रहे हैं नाउम्मीद मरीज़ों की तरह

छूट चुकी धरती
जैसे उनके सपनों में आती है
बहुत मद्धिम कोई धुन
उनकी कोंपलों से सुनाई देती है

मौत ले आएगी इस तरह
अज्ञात प्रदेश में उन्होंने सोचा न होगा और यह भी कि
वे अपनी मिट्टी साथ लाएँगे

सूखते पौधे पर एक नन्ही कली अचानक
खिल जाती है एक सुबह
जिस पर आ बैठती है एक तितली

बाहर झाँकता नन्हा फूल हवा को सौंपकर ख़ुशबू
आँखों में भर लेना चाहता है आकाश।

ख़ुशी के बहाने

सब ओर, ख़ुशी के इतने बहाने
कि शामिल होते-होते थक गया हूँ
बन गया हूँ, ख़ुद का भूतिया, बौना-प्रतिरूप

ख़ुशी, जैसे वे लूटकर ले गए हैं
कामयाबों के जलसों में, नाकामयाबों की भीड़ है
पीड़ित हँसी की झिलमिल रोशनी है
और सफलता जैसे, पंजों के बल दुबकी, विनम्र है

मेरे घर की तरफ़ के आकाश में
एक तारा टूटता है।
जिसकी थर्राहट, सिर्फ़ मेरी रगों में है

चापलूस भाषा और नकली हँसी का मुखौटा
वे हिलाकर जाँच लेते हैं
जो, अचानक गिर पड़ता है, खटाक् से
और मैं, घृणा की आँच से
पहचान लिया जाता हूँ।

कृतघ्न

खदानों के अन्धकार में खटते
पिता ने उसे हीरे की तरह पाया था

वह जहाँ से आया था, वहाँ
पेड़, पत्थर और धुआँ रहते थे
उसने चिड़ियों से, पढ़ना सीखा था
और रोशनी में पत्तियों की तरह प्रार्थना करना
और उसके ही प्रकाश में वह चला लम्बी डगें भरता
उसने शहर देखे और शहर में
बेहद अकेला होने पर एक कोना देखा
जिसमें ख़ुद को भूलने की जगह थी

वहाँ कुछ भावुक से स्वर थे
जिन पर तालियाँ बजती थीं
होती थी वाह! वाह!!
वह तालियों के जंगल में रम गया
फिर उसे लगा कि वहाँ सिर्फ़ बैठे रहने से
वह दीखेगा गँवार ही
एक दिन उसने कुछ कलाबाज़ बाजीगर देखे
जिनके चमकदार लबादे थे
जिनके हंटरों के इशारे वहाँ के पशु समझते थे
उसी तिलिस्म में शामिल होने
उन्हीं की तर्ज़ पर कुछ लिखा
जिसमें नहीं था, तो सिर्फ़ उसका जीवन

फिर उसने लम्बी डगें भरीं

और पीछे मुड़कर नहीं देखा
निःसन्देह वह भाग्यशाली था
उसके हाथों में मालपुओं का थाल था
और आसपास टुकड़खोरों की भीड़
और कुछ मक्खियाँ भनभना रही थीं
सहवास के लिए
वहीं से 'वाह, वाह!!' की भाटध्वनि आती थी

उसके पूजा-घर में एक अधेड़ बाज़ीगर की तस्वीर थी
जिसे वह सबसे छिपाकर रखता था
वह उसके पैरों के निशानों पर पैर रखता चलता था
वह उसी की तरह बोलने और रहने लगा था
कभी-कभी वह उसकी बारहवीं कार्बन-कॉपी लगता था

अब उसके हाथ
वहाँ पहुँचने लगे थे
जहाँ से वह अपने पक्ष में फ़ैसले करा सकता था

उसे ही शब्दों के कालीन पर
सरपट दौड़ना था
वह नशे में बेहद फूहड़ और बाज़ारू चीज़ें
गाता था
अपने भोगे अतीत को झंडे की तरह लहराकर कविता में
उसका हक माँगता था
उसे सब ओर तालियाँ सुनाई पड़ती थीं
और चारों तरफ़ वही 'वाह! वाह!!'
पेड़ों और चिड़ियों की तरफ़ से वह
अपना पाला बदल चुका था।

सामान्य-असामान्य

सामान्य भोजन करते रहने से
सामान्य विचार आते थे
विचारों की असामान्यता को कभी परखा ही नहीं
सामान्य भोजन ने बनाया सामान्य नागरिक
जो असामान्य होने की हद तक कभी पहुँचा ही नहीं

असामान्य होते आदमी से ख़तरा था
सामान्य आदमी का जीवन इतना सामान्य
कि जन-धन की हानि में एक संदिग्ध आँकड़ा
एक चेहरा, छद्म शिनाख़्त

सामान्य आदमी के लिए जटिल जीवन
क़ानून जटिल, जाल के भीतर, जाल के भीतर
जाल में रोज़ी-रोटी
उसके पीछे घात लगाए बैठी सामान्य मौत

दस मील के बाहर, संदर्भ के लिए
जिसका नाम पता नहीं
उसका दस मील के बाहर मरना
लावारिसी में मरना होगा

लोगों का आपस में जान-पहचान बढ़ाना
सामाजिक होना नहीं, बल्कि गुमनामी की मौत से बचना है
अगर बरामद हो जेब से कविता
तो उससे किसकी शिनाख़्त होगी?
तब कविता, मरे आदमी की पृष्ठभूमि होगी।

आँखों ने पाया है

यहाँ मेरी आँखों ने पाया है
देखते रहने के लिए
वह भी काफ़ी है
कहीं भीतर, कुएँ में गिरती पत्ती की तरह

जो कुछ काँपता है ज़रा देर
वह कोई ख़याल है
जिसे दीवारें भी समझने लगी हैं

जब पानी साँस लेता है
तो उसमें रविवार का चेहरा झाँकने लगता है
वह एक बिना तारीख़ का रविवार होता है
बिना नाम का एक तारा
एक बादल बिना मौसम का

अनजान दूर देशों के पक्षी
यहाँ के अनजान पेड़ों पर बोलते हैं
एक बूढ़ा चश्मा बनवाने शहर की तरफ़ जाता है
सब कुछ धो जाती है पिछली बरसात
धरती नए रास्तों से पहचान करती है
हमारी आँखें जो कुछ पाती हैं
वह एक प्रतीक्षा होती है अच्छी तारीख़ों की
जिसमें पेड़, रास्ते और घर
व्यतीत होते रहते हैं
हमारी परवश दिनचर्या में।

गाँवों में चक्कियाँ

गाँवों में चक्कियाँ गाती हैं
कि एक दिन बच्चे राजा बनेंगे
वे दूध से नहाएँगे
उनके इत्र की महक से सारा गाँव महक उठेगा
और वे ऊँची अटारियों पर सोएँगे
उनके आभूषणों की चमक से
रात में दिन हो जाएगा
शिकार करते–करते एक दिन वे
परियों के देश में चले जाएँगे
और उन्हें ब्याह लाएँगे

चक्कियाँ गाती हैं और बच्चे जन्मते हैं
बच्चे, जो राजा नहीं बन पाते
वे, राजकुमारों के सेवक, ग़ुलाम हो जाते हैं
राजा शिकार करने उनके घरों की तरफ़ बढ़ते हैं
और पत्थर की चक्कियाँ गाती रहती हैं।

पुस्तक मेले से

बहुत किताबें थीं बाज़ार में
कच्ची-पक्की ईंटों की तरह
बेघरों में एक, मैं भी था
क्या इस साल फिर छूट जाऊँगा
सबसे पीछे, ज्ञान की प्यास लिये
वह और बढ़ जाएगी कई गुना
अपनी प्यासी आँखों के लिए
फिर दूँगा वहीं विस्तीर्ण-आकाश
धूल भरी दिशाओं में, घिसटता जाऊँगा
कुछ दूर, सूखे पत्ते-सा

क्या मेरे आँख, कान अभी अभ्यस्त नहीं, आहटों के
चमकीले पृष्ठों पर दमक रहे शब्द
अब दूसरे पाले में खड़े हैं
उन सौदागरों की बग़ल में
जहाँ से शुरू होती हैं ज्ञान की तिजारत
और सिरजनहार की तरफ़ ज़िल्दें दिखती हैं निर्विकार
पीठ किए

उसी अन्धकार से बनती हैं अमावस
और पाले-पोसे शब्द कपूतों की तरह चले जाते हैं, मुँह फेरकर
चमचमाती कारों से वे उतरते हैं
जिनके स्वागत में खड़े हो जाते हैं
नामी-गिरामी लेखक
फिर झंडियाँ हिलाते आते हैं
सबसे अपढ़ और धूर्त

जिन्हें सभापति स्वीकारने अभिशप्त हैं वे
फिर उसी माफ़िया का मंच सजता है
किताबों की नगरी में
पार्श्व में बजती है कोई धुन, जानी-पहचानी
फड़फड़ाते हैं पन्ने कबूतरों की तरह
ग़लत हाथों में जाते हुए
उन्हीं के हाथों उघाड़ी जाती हैं किताबें
सरेआम द्रौपदी की तरह
फहराता है चीर, परचम तार-तार
आँखें ढूँढ़ती हैं किताबों के नाम और
सितारा लेखक, फिर देखती हैं फ़ौरन उनके दाम
स्फटिक-सी आँखें ढक जाती हैं
सितारों की राख से

बुझे हुए नाम, सबसे तेज़ रोशनी में हैं
अभिनेता-अभिनेत्रियों की बग़ल में
सबसे मूर्ख और गँवार कैमरे चमक रहे हैं
वे हर पल सड़े-गले मुर्दा समय को क़ैद कर रहे हैं
रंगीन पृष्ठों को पाट रहे हैं मरी हुई तस्वीरों से
वहाँ कोई लेखक नहीं
'ब्लैक होल' की तरह, लेखक की आत्मा का शून्य है
कौन जानता है कि
सबसे मशहूर लेखक कितना बड़ा तिकड़मबाज़ है
सोडियम-लैम्प की तरह
धुन्ध को चीरकर देखती हैं मुक्तिबोध की आँखें
कि उनकी दुहाई देकर
अनेक आत्महीन जीवित हैं, शब्दों की तिजारत से

फटे स्कूली यूनिफ़ार्म में जो बच्चे दिख रहे हैं
वे लाए गए हैं बीस मील दूर से
एक ग़रीब मास्टर के साथ
उन्हें देख, चमक नहीं आती सेल्समैन की आँखों में
वह सिर्फ़ मास्टर को कुछ सूचनाएँ देता है
कि जो बच्चे उन किताबों में हैं

उनका हुलिया इनसे मेल नहीं खाता
वह उन्हें रोक देता है किताबें उठाने से
बच्चे नहीं जानते कि वे किताबें
रेत और घुन से भरी हैं
और सबसे चमकदार आभिजात्य चीज़ों से आ रही है सड़ाँध
वहाँ तिनके भर सचाई नहीं
एक पगडंडी पर महज़ आँख–कान खोलकर
चलने का सत्य नहीं

आह! दुनिया कितनी तेज़ी से
बँटती जा रही है दो पालों में
अपनी जेबें टटोलते
वे धन्यवाद देते हैं
अपनी नाक, हाथ और आँखों को
कि सड़े फल उन्होंने नहीं ख़रीदे
जबकि वहाँ बिक रहा था स्वप्नलोक, मायावी और क्रूर
वहाँ बिक रही थी हँसी, अपनी आत्मा के खिलाफ़
अपनी नपुंसक आत्मगरिमा में डूबा
बिक रहा था ज्योतिष
लुटेरों का साधन बना हुआ
कुरूप होते समय में बिक रहे थे

देह को सजाने के नुस्खे
आत्मदया में डूबा, समर्पित ग़ुलामी में जाता
अध्यात्म था बिकता हुआ
अनेक वाग्वीर, सुरबहार, तरन्नुमबाज़ और
ज़नाने क़िस्म के धन्धेबाज़
बहुत बड़ी भीड़ को लोरी सुना रहे थे
परफ़्यूम से भरे सबसे चमकदार कोनों में
भद्रजनों की भीड़ थी
वहाँ रातोंरात सितारा बनाए गए लोगों की
सनसनीख़ेज़ किताबें थीं
जिनके प्रचार–प्रसार का बजट कल्पनातीत था
जिन्हें हाथ में उठाने का साहस

अनेक लोगों में नहीं था
उन्हीं में था भद्रजनों का स्वर्ग, उनकी दुनिया
और उनके ही जीवन-सत्य
जो उतरन की तरह पूरे समाज को
पहनाए जा रहे थे जबरन, उनकी अगवानी में
अख़बारों ने बिछा दिये थे पहले पृष्ठ
वे तौले जा रहे थे विदेशी मुद्राओं से
औपनिवेशिक सह-उत्पाद की तरह
यूरोप जिन्हें ले रहा था हाथोंहाथ

मत रहना धोख़े में
कि ख़तरनाक खरपतवार ले लेगी
जगह दूर्वा की
यूँ भी बहुत देखे हैं छूँछे पटाखों के खेल
अभी आँखों में है इतनी रोशनी कि
देख सकता हूँ एक क़दम की दूरी
जिससे पार किए जा सकते हैं
अलंघ्य शिखर

आभारी हूँ नींद का
कि सुजान हूँ चौथे पहर का
सुजान हूँ गरबीली ग़रीबी का
अभावों के छल-छद्म का
लाक्षागृह के मायावी मंचों का,
सुजान हूँ मेले में भटकता,
अपने लौटने की पगडंडी का
जिसका रास्ता किताबों की भीड़ से नहीं
बल्कि अपने न होने के
ख़ालीपन से जाता है।

रात के अपराधी सुबह के शब्द

सुबह के शब्द, बहुत बड़े अपराधियों के बारे में होते हैं
कामयाब लोगों की हिंसा से
उनके चेहरे पुते होते हैं
बहुत बड़ी वारदात की थरथराहट उनके भीतर होती है
कामयाब लोगों की लम्बी छाया में
ठहरी होती है रात
जिसमें पनपते नहीं सूरजमुखी

हम तालियों से अँधेरा गढ़ते हैं
मालाओं से गढ़ते हैं फन्दे
भूख गढ़ते हैं, प्रतीक्षा से
गिरकर पैरों में, ग़ुलामी की नींव पुख़्ता करते हैं
चाटुकार शब्दों का मुजरा करते हैं

रात के अपराधी
सुबह के शब्दों में मुस्कराते हैं
कि जैसे, अब बाक़ी नहीं भूख, लाचारी और बेकारी
कि जैसे, अब नहीं शोषण और ग़ुलामी
ठसाठस दुकानें, स्त्रियाँ और स्त्रियाँ
गाड़ियाँ और गाड़ियाँ
निरन्तर ख़रीद-फरोख़्त, ख़रीद-फरोख़्त
माया का आरोहण-अवरोहण
देखता हूँ रोज़-रोज़

सुबह के शब्द अब तुम्हारे नहीं
वे नींद की गोलियाँ हैं

अफ़ीम, स्मैक और मेंड्रेक्स की तरह
फिर भी सुबह से बेचैन
दौड़-दौड़कर उन्हें पाँसों की तरह उलटते-पलटते हैं
रोज़-रोज़ उनमें अपना चेहरा ढूँढ़ते हैं।

शहर में

शहर में ज़मीन और मकानों के व्यापारी हैं
जिनके पीछे अनेक ताक़तवर लोग हैं
शहर में रोगों की जाँच और अस्पतालों के व्यापारी हैं
उनके भी पीछे हैं, ताक़तवर लोग

शहर में रहते हैं अनेक बेघर और बीमार
जिनके पीछे कोई नहीं
जितने बेघर और बीमार हैं, वे सन्तों और देवताओं के पीछे हैं
जितने उपासना-गृह और आश्रम हैं
उनके पीछे बहुत ताक़तवर लोग हैं

ताक़तवर लोगों से घिरे, डरे-सहमे शहर में
बेघर बीमार लोग अपनी उम्र और जीवन से ऊब गए हैं
उन्हें थोड़ा-थोड़ा मारने के बड़े-बड़े उपक्रम हैं

यह सब देखता है
शहर का निरीह शायर
और ताक़तवर लोगों के जलसों में
सुनाता है कलाम तरन्नुम में
कोई पेश करता है, तश्तरी में
अपने ही वर्ग को
फूहड़ हँसी का प्रसंग बनाता हुआ।

कहाँ गए रंग

कहाँ गए रंग बिछुड़कर सूरज से
किरणों से
कुछ गए धरती में
रँगने खनिज और धातुएँ
कुछ गए पेड़ों, वनस्पतियों, मिट्टी चट्टानों में
कुछ बीजों में गए रहस्यमय ढंग से

रोटी–पानी से, कुछ गए देह में
बनाने रंग गाढ़ा और लाल
कि देह को भीतर, सदा रहे भान
वहाँ खिली रहे उषा अरुणिम, रक्ताभ
भीतर के अन्धकार में बची रहे स्मृति सूरज की।

वक्ता-श्रोता

टीले पर बौराया आम, वक्ता होता है
नीचे दूर तक, हरे-भरे और भूरे पड़ते खेत, श्रोता होते हैं
नीले शामियाने के नीचे, जैसे वह सभापति होता है
बौरों की सुगन्ध और अपनी ही मस्ती में डूबा उसे देख
हवा उसकी प्रवक्ता होती है, धूप होती है चित्रकार
कोयल सुनाती है उसका सन्देश, जिसके समर्थन में फसलें झूमती हैं
बड़ी उम्मीद से असंख्य पक्षी जिनमें देखते हैं सपने
उसकी शाखाएँ, बसेरे के लिए फैलती जाती हैं
जिन पर बैठे अनेक पक्षी उसके सन्देश का तर्जुमा
अनेक बोलियों में सुनाते हैं

वहीं-वहीं घूमता मदभरा ताड़, वक्ता होता है
अनेक धूसर झोंपड़े जिसे सुनते हैं
उसके सीने से बहती धार से उत्सव प्रकट होता है
तब थापों से अनेक पैर, धरती को बजाते हैं
दिशाओं को बजाते हैं, असंख्य ढोल

तब कोई पहाड़ वक्ता होता है, शाम का कम्बल लपेटे
स्तब्ध वृक्ष और खेतों के विस्तार, जिसके श्रोता होते हैं
उसकी गहन उदासी, कलरव के शान्त होने की प्रतीक्षा करती है
वह राह देखती है, गोधूलि के बैठ जाने की
तब तक, तारों की जिज्ञासु आँखें
उसके ध्यान-मग्न चेहरे को ताकने लगती हैं
उसके नीचे जैसे सब ध्यान करते हैं
तभी एक टिटहरी की विकल ध्वनि
मैदान की चुप्पी तोड़ देती है

मैं जैसे इस सबका श्रोता होता हूँ
अपने आँख, कान खोले, पड़ा कोने में चुपचाप
छिपकर प्रकृति का वार्तालाप सुनता हूँ
जिसका तर्जुमा जब कभी, कविता में कर लेता हूँ।

थोड़े-से न्याय के लिए

कमतर जीवन की बहुत बड़ी दुनिया में
थोड़े-से न्याय के लिए भटकते हैं लोग

वे ही आते हैं न्याय के आड़े
जिन्होंने जाना है, ख़ुद का बहुत बड़ा जीवन

वे उसे छिपाकर रखना चाहते हैं
जैसे वे सूरज को छिपाना चाहते हैं
लेकिन वह निकलता है, अक्षांश-देशांश के तानों बानों पर
थोड़े-से लोगों को न्याय छिपाने की चिन्ता है
सूरज को चिन्ता है, जीवन बचाने की
प्रकृति में नामालूम से कीड़े के लिए
वह निकलता है, ढूँढ़कर उसके हिस्से का जीवन
सौंपता है

क़ब्रगाहों, श्मशानों में न्याय का आश्वासन गूँजता है
प्रेत के एकालाप की तरह

वे, जो न्याय के छल को
चोले की तरह उतारकर चले गए
बहुत बड़े अविश्वास का शाप देकर
वे अब ख़ारिज नागरिक हैं

संसार में न्याय, जैसे माया का रूप हो
जिसमें लगाकर सेंध
उसे पाते हैं बहुत चतुर लोग

बहुत ग़रीब लोग
बहुत सस्ते न्याय के लिए
एक वक़्त खाकर मानो करते हों अनशन

खड़े हैं कतारबद्ध, हाथ फैलाए धूप में
बहुत थोड़े लोग बाक़ी दुनिया को
क़तारों में रखना चाहते हैं
अमृत की क़तारें, न्याय की क़तारें
अन्न और जल की क़तारें

बहुत बड़ी दुनिया में बहुत सारे लोग
प्रतीक्षा में ज़ाया होते हैं
वे नहीं जानते कि
मृत्यु अपने संकेत देती हुई
बढ़ती जा रही है उनकी तरफ़
किससे माँगते हैं न्याय?
सिर्फ़ छल है भविष्य की परतों में
तुम न्याय के दरबार में याचक नहीं
उस नामालूम कीड़े से कमतर नहीं
जिस तक हाथ बढ़ाए पहुँचता है सूरज

बहुत थोड़े लोगों के, बहुत बड़े अन्याय को
ख़ारिज करते हुए बेक़तार होना चाहिए।

किताबों में रात

किताबों में रात हो जाती है
और मैं किसी पंक्ति में सो जाता हूँ
किताबें मेरा घर हैं
वहाँ सारे पात्र मुझे मिलते हैं
संगी-साथी जैसे
वे आते हैं और कहते हैं
'हम फिर लौटेंगे'

घर-बार बेचकर तूने व्यर्थ पढ़ायी
अँधेरे और ग़ुलामी की किताबें
अब ये रोशनी से भी किताबें
मुझे रास आती हैं
मनुष्य की सीधी-सच्ची ज़ुबानें
मुझे अच्छी लगती हैं
ये घरों में फैले अन्धकार की तरफ़
उँगली उठाती हैं
वे करोड़ों के भले के पीछे
दो-चार को कुछ नहीं गिनतीं
ये अपने लोगों को
प्रेम की तरफ़ ले आती हैं
अपने ही हाथों
अँधेरे का ख़ात्मा कराती हैं।

कौन तुम

कौन तुम, इस भोर
क्या रोशनी ?
हाँ, रोशनी है, तितलियों के पंख रँगने

कौन तुम मैदान में,
क्या तितलियाँ ?
हाँ, तितलियाँ हैं, पंख में बचपन छिपाए

कौन तुम एकान्त में,
क्या मौन ?
हाँ, मौन हैं, इस वक़्त बच्चे नींद में हैं

कौन तुम क्षितिज पर चौथे पहर
क्या सितारे ?
हाँ, सितारे, तरल दृष्टियों की प्रतीक्षा

कौन तुम इस वृक्ष पर
क्या पखेरू ?
हाँ, पखेरू, वृक्ष के सपने में डूबा।

दरबार और भाट

दरबार ने कहा भाट से
अब मुमकिन नहीं गुज़र
बेहतर हो हम किनारा कर लें

तपती धूप में भाट बाहर आया
पैरों में छाले, भूख से बेहाल
पेड़ की छाँव में वह लेट गया
दुपहरी में गा रही थी भारंगी
भाट ने पेड़ पर कविता लिखी
भाट ने घोंसले में चिड़िया देखी
शायद पहली बार
वह गाना चाहता था
पर उसे कौन सुने?
हाड़ तोड़ते आदमी के पसीने पर
उसने शृंगारिक कविता लिखी
आदमी ख़ुश हुआ उसने बीड़ी भेंट की

भाट ने एक आदमी
झंडे में लिपटा जाते देखा
और आदत से लाचार अनजाने एक कविता कह डाली
मुर्दे ने कहा, सुभान-अल्लाह, शुक्रिया
और फिर उसके चेहरे पर
अपूर्व शान्ति छा गई

वे जो जीवित थे
और झूठ को सुर में

पेश नहीं कर पा रहे थे
भाट ने उनके झूठ को सुर में गाया
झूठ हर तरफ़ लोगों को भाने लगा
जम्हाने तक लोग उसे गुनगुनाने लगे
महामहिम ने भाषण में
भाटों को सन्दर्भित किया
आँख खुली तो
उसने ख़ुद को दरबार में ही पाया।

रतजगा

नींद के गहरे नीले
पहाड़ों पर
छूट गया है उसका खिलौना

पेड़ों की शाखों पर
जुगनू उसे ढूँढ़ने निकले हैं

एक तारा
दूर कोने में अकेला
मैदान में छूटे
खिलौने को देखकर
नीचे झुक आया है
इस अफ़सोस में
कि उसके हाथ नहीं हैं
वह घुल रहा है
दूर कुहरीले पहाड़ों पर
सुबह हो रही है।

कला के प्रायोजक

उनकी रुचिकर कलाओं के
मंगलाचरण में
बैठे हैं प्रायोजक
अवांछित तत्त्वों की तरह

हालाँकि लद गए दिन राजे-रजवाड़ों के
अब प्रायोजक हैं, दरबार कला के
कम्पनी, कार्पोरेशन, फाउंडेशन
इंटरप्राइजेज़ एंड संस
जिनकी जड़ें, शाखाएँ जाती हैं यूरोप तक

विज्ञापन में कला
बहाना है व्यापार का
एक आभिजात्य बहाना
अन्तर्राष्ट्रीय स्पर्धा में
अब बुद्धू व्यापारी तो चलने से रहे

कला अब
कम्पनी कैटलॉग है जो
परोसी जाती है डिनर के पहले
अहा! पंचतारा दीवारें
आभिजात्य हो गए हैं ड्राइंग रूम
जो कला की खाल खींचकर भुस भरकर
शो-केश में रखे हैं

वे इस मुग़ालते में हैं कि
वहाँ महान कला जीवित है, जबकि
वह तो धूप-छाँव है
जो मर-मर कर रहती है जीवित।

बेकार लड़का

बेकार लड़का
सूरज के विरोध में
सोता है देर तक
चिड़ियों के विरोध में
हो जाता है ख़ामोश
फूलों के विरोध में
बढ़ा लेता है दाढ़ी
हवा के विरोध में
उड़ाता है धुआँ

उसकी खिड़की पर
बसन्त दस्तक देता है
और दबे पाँव पतझर उतरता है

कभी जिस झील को उसकी बाँहों के उत्साह
ने नापा था
अब वहाँ रेगिस्तानी सन्नाटा है

किताबों के सफ़ों में दबकर मरे हैं फूल
अब निरर्थक है
शहर की चिमनियाँ, घंटे और सायरन
घड़ी में चाबी
हो चुकी है अर्थहीन
बोझिल है रोटी, अपराध-बोध से

लड़कियों के सपनों में आता है बसन्त
और लिख जाता है

कुछ धरती, कुछ आकाश
जाते-जाते लिख जाता है
कुछ मरुस्थल और पहाड़
ऐसी किसी नदी में
वह अछूत की तरह उतरता है

गति के विरोध में दमतोड़
चुकी नदी
पत्तों और मछलियों की
सड़ाँध से भर गई है
जहाँ निस्तब्ध रात में
उतरते हैं तारे
जो कुछ निरपेक्ष है वही
खींचता है
उसे अपने पास
सोती-जागती दुनिया
के बीचोबीच कौन है जो
महीन परदे से झाँकता है।

योद्धा और कायर

सबसे अगली पंक्ति में
सबसे भयभीत और कायर, तमगे लगाए बैठे थे,
और सबसे पीछे, उनसे भयभीत योद्धा खड़े थे
इसके अलावा और कोई स्थिति नहीं थी

भयभीत और कायर सबसे अधिक बातूनी, मिलनसार और हँसमुख थे
योद्धा भयभीत थे उनके चेहरों पर भीतर के भाव आ जाना
उनकी अन्दरूनी कमज़ोरी थी

तमगे पाने के लिए योद्धाओं के पुष्ट कन्धे उन्हें अच्छे लगे
आड़ के लिए, सीढ़ी के लिए वे उन्हें भा गए

सबसे भयभीत और कायर सबसे ख़ामोश हत्यारे थे
उन्होंने योद्धाओं को मारा, उनके बच्चों, औरतों
और उनके भविष्य को मारा
न गोली चली न कहीं धमाका हुआ
एक ख़ूनी कलम चली काग़ज़ की लुगदी पर
बुदबुदाया कोई कायर, खटखटाया टाइप-राइटर ज़रा देर
ख़ामोश हत्याकांड का कहीं कानों-कान पता नहीं चला

जो योद्धा मारे गए या जो लगभग मारे जाने के क़रीब थे
वे हत्यारों को ठीक से पहचान नहीं पा रहे थे
उनके सिर पर वज़नी फ़ौलादी टोप था
उनकी ज्ञानेन्द्रियाँ चेतना-शून्य हो चुकी थीं

हत्यारे उनसे हँसकर घरेलू तकलीफ़ पूछते थे

और उनके घरों का मुआइना करते थे

योद्धा दूर-दूर तक बिखरे हुए थे
अलग-अलग खूँटों से वे गारे की तरह बँधे थे
वे एक दूसरे को क़त्ल होते देख रहे थे

एक दिन उनके बीच का आदमी जो कायरों का वफ़ादार था
ख़ून से सना चीख़ता आया और मर गया
उसके लिए कायरों ने शोक मनाया

कायर जिनकी हत्या तक करने की बात योद्धाओं से करते थे
रात में वे ही उनके हम-प्याला थे
सभा में योद्धा सफ़ेद-पोशों की गालियाँ सुन रहे थे
और कायर योद्धाओं पर बरस रहे थे

रात में योद्धा अपनी नपुंसकता पर बहस कर रहे थे
और वे किसी फ़ैसले तक पहुँचना चाहते थे।

मैंने बादल से कहा

मेरे भीतर एक अस्त-व्यस्त कमरा है
चिट्ठियाँ पीले पत्तों की तरह
न जाने किन पेड़ों से आकर यहाँ फैल गई हैं
और यह खिड़की भी क्या, एक शंका है
जिसे छोड़ दिया है हवा के हाल पर
किसी भटके मुसाफ़िर की तरह
खिड़की के रास्ते बड़ी देर
एक बादल का टुकड़ा झाँकता रहा
मैंने कहा, 'बेहतर है कि भीतर चले जाओ'
ज़रा देर ठहरो, मैं सँभालता हूँ खिड़की
क्योंकि यह एक शंका है
ज़रा-सा हटकर बैठो नमक से
कि उसे आटे का अन्दाज़ बना रहना है
ज़रा-सा हटकर बैठो दवा से
क्योंकि वह कभी तुम्हारी जानकारी नहीं रही

यह अस्त-व्यस्त संसार मेरा है
इससे परिचय करो
यह कभी क़रीने से नहीं सजाया जा सकता
दरअसल यहाँ कुछ भी सजाने लायक नहीं है
चीज़ों के क्रम पैदा करते हैं एक अनुशासन और हिदायतें
जिससे मैंने हमेशा नफ़रत की है
क्योंकि ये मुझे कुछ नहीं दे सकते
फिर यह करुण-हास्य का प्रदर्शन मुझे तोड़ ही देगा
और मैं सचमुच, कोई बादल नहीं हूँ

आसमान में अस्त-व्यस्त बादल
अच्छे लगते होंगे
क्योंकि आसमान की कोई दीवारें नहीं हैं
कोई खिड़की नहीं है शंका की
जिससे होकर तुम आए हो

तुमसे क्या पूछूँ पानी को, बेहतर है
मेरे लिए किसी गिलास में हल्के हो जाओ
मुझे भींचकर ले चलो
इस खिड़की से बाहर, अस्त-व्यस्त चीज़ों से दूर
मुझे ले चलो उन पेड़ों की छतों पर
जहाँ से चिट्ठियाँ टूटकर यहाँ तक आती हैं।

ये दिन

ये दिन
किसी ख़ास दिन का इन्तज़ार हैं
ये दिन भी
जल्द भुला दिये जाएँगे
ये दिन
बिलकुल तुम हो।

सुन्दर आदमी

सुन्दर आदमी ऐसे ही सुन्दर नहीं होता
और न ही वह सुन्दर औरत
सुन्दर होने के लिए बहुत कुछ चाहिए

सुन्दर बनना आज की फ़ौरी तरकीब नहीं
मसलन लाज़िमी है ऐसी आनुवंशिकता
जिसमें धूल, मिट्टी, कीचड़, मैल, धूप और पसीने से
किया जाता रहा हो परहेज़
या इनके संग की कभी ज़रूरत ही न रही हो
पुरखों से मिलता है रंग और क़द

सुन्दर आदमी सुन्दर बने रहने और सुन्दर दिखने
हरदम रहता है सचेत
मसलन वह खाता नहीं ऐरी-गैरी चीज़ें
वह अपनी रुचि से समय पर खाता है
और ठीक समय पर सोता-जागता है
उसके सारे काम, समय पर ठीक-ठाक निपटाने
कन्धे पर तौलिया डाले, समय हाथ बाँधे खड़ा रहता है

सुन्दर चेहरों पर जो दिखती है बेफ़िक्री
छलकता है आत्मविश्वास
टूटे और बुझे लोगों के बीच
चमकती है आँखें इच्छा शक्ति से भरी
यह सब ऐसे ही नहीं है

बदसूरत लोगों में, हीनता क़ायम रखने

कैमरे घूमते हैं उनके इर्द-गिर्द
परिधान और आभूषण उनके जिस्मों पर ही फबते हैं
वे चिढ़ाकर बहुमत का तिरस्कार करते हैं
वे हमेशा अगली पंक्ति में दौड़ते हैं
वे कभी पीछे मुड़कर या नीचे झुककर नहीं देखते
ख़ून-आलूदा जूते उन्हें लक्ष्य की ओर लिये उड़ते हैं।

प्रेमपत्र

प्रेम-पत्र लिखकर
उसकी एक प्रति बचाकर रखो
जो जगह तुम्हें अच्छी लगे
वहाँ एक पौधा रोप कर
उसकी जड़ों में छिपा दो एक प्रेम-पत्र

एक दिन जब सहसा
छाँव सरक जाएगी सिर से
तब प्रेम के वन में
प्रेम-पत्रों की छाँव होगी

हरेक वृक्ष को एक प्रेम कविता याद होगी
हरेक पक्षी जिसे लेकर
दूर-दिशा में उड़ जाएगा
दूर-दिशा तक
प्रेम ही प्रेम फैलाएगा।

निर्देशक

निर्देशक
तुम्हारे पात्र चीख़ने लगे हैं
दृश्य, शोर से भरे हैं
नर्तकों के अंग मशीनी पुर्ज़ों की तरह
किसी जुनून में हिल रहे हैं

गीत के शव के आसपास
जो कुछ व्यक्त करना चाह रहे हो
कम-से-कम उसे प्रेत तो मत कहो

मैं नहीं जानना चाहता
अर्थ-स्रोतों की कलुषता
लेकिन वह अपने आप
दृश्यों पर छा रही है

निर्देशक, अब पर्दा गिर जाने दो
और ख़ामोशी को, दृश्य बनने दो

सिर्फ़ दृष्टि और संकेतों से
अगर वह कह सको, तो कह दो
जिसे कभी प्रेम कहते थे।

लोरी

जिसके होने से खिल उठते हैं बे-मौसम फूल
जिसके होने से फल पकते हैं
धरती प्रकट कर देती है अपना ऐश्वर्य
जिसके आने से बलाएँ भाग जाती हैं दूर
जिसके होने से उतर आता है दूध
जिसके आने से थकान हो जाती है काफ़ूर
हवा हो जाती है शीतल
नींद अपने भारी डैनों के साथ उतरती है पलकों पर आहिस्ता
जिसमें चाँदनी ठोस होकर, आ बैठती है सिरहाने
जिसमें उड़ती है ब्यालू की सुगन्ध
जिसके छिड़ते ही उसके संगतकार
बादल, झींगुर और मेढक आ जाते हैं अदृश्य मंच पर

पल में लौट पड़ता है समय अपने आरम्भ की ओर
जो अपने सम्मोहन से सबको निश्चल खिलौने में बदल देती है
सबको ओढ़ा देती है मासूमियत की चादर
रात की आत्मा जिसे सुनती है, बैठकर पालने के निकट
दिशाएँ अपनी स्मृतियाँ विसर्जित कर हो जाती हैं, स्तब्ध
जिसकी लय में हर किसी को सुनाई देती है माँ की आवाज़

जो धरती की अनश्वर ऋचा है
जो पत्थरों को पालतू बना देती है
जो दबे झरनों को रास्ता देती है
जो काँपती है रेगिस्तान के अतल जल की झाँईं में
शाम घिरते ही जो बजती है
'बीटिंग रिट्रीट' की तरह

जो युद्ध-शिविरों में विचरती है
परिचारिका की तरह
धरती पर लगाकर कान
तलाश रहा हूँ उसका उद्गम
सुन रहा हूँ उसकी आवाज़
जो धरती के गर्भ से साफ़-साफ़
सुनाई दे रही है।

पागल के लिए लोरी

हमने ही छीन लिये तुम्हारे सपने
हमने ही तुम्हारे स्मृति-चित्रों पर उड़ेल दी स्याही
हमने ही छोड़ दिया तुम्हें कुत्तों और सुअरों के बीच
घूरे में तलाशने भोजन
हमारी निष्फल प्रार्थनाएँ, तुम्हें लौटा नहीं पाईं
खाई के मुहाने से

तुम देखते हो दुनिया अजब आँखों से
जहाँ बची नहीं तुम्हारी रोटी
हर वक़्त तुम्हारे पेट में सुलगती रहती है भूख
खाने की तलाश में हर वक़्त
भटकते रहते हो आवारा-पशु की तरह
तुम्हें याद रह गए हैं, खाने और जूठन के ठिकाने
तुम्हें याद रह गए हैं, बहते नल
तुम्हारे अधनंगे जिस्म से लटकते चीथड़े
गलियाँ बुहारते रहते हैं
स्मृति की खिड़की पर ठिठकी
तुम्हारी आँखें हर वक़्त डूबी रहती हैं गहन विचारों में

इस बारिश ने तुम्हें वीरान और उजड़े मकानों के कोनों तक
धकेल दिया है
आवारा पशुओं के साथ तुम छिपाते फिरते हो सिर
भिखारियों की देखा-देखी
तुम सीख जाते हो फैलाना हाथ
जबकि सिक्के अब तुम्हारी ज़रूरत नहीं रह गए

आज की रात, पक्षियों के साथ–साथ
मरेंगे अनेक बेघर सड़कों पर
आज की रात तुम्हें शरण देंगे घूरे और कचराघर
कहीं जलती आग शरण देगी अपने निकट

जीवन से मिली इतनी ऊष्मा के सहारे
सो जा अपनी भूख को भूलकर ज़रा देर
सो जा अपनी देह के घर में

धरती पर तेरे होने या न होने का
क्या बचा है अर्थ?
यह रहस्य तुझे हर बार बचा लेने वाली
चीज़ें जानती हैं
उन्हीं की करुणा की छाँव में सो जा

ईश्वर ज़रा देर सुस्ताने
डोलता है तेरे निकट होकर आश्वस्त
कि तू उसे पहचानता नहीं
और तेरे कहे को कोई मानेगा नहीं
इसी भरम की धूप–छाँव में सो जा
क्योंकि सूरज के निकलने को तू जानता है।

भिखारी के लिए लोरी

आख़िर, कब बनोगे तुम सच्चे भिखारी
अभी तो टुकड़ा-टुकड़ा बेचकर ख़ुद्दारी
मिटाते फिरते हो भूख
कब हो जाओगे सन्तुष्ट, एक दिन की भीख पर
सनत के भेष में भूख की माला जपते, तुम नापते फिरते हो धरती
दुत्कार और तिरस्कार को झाड़ देते हो धूल की तरह

तुम रहते हो भयभीत कल से
बदलते मौसम और बीमारी से
कोई भी शासन छीन नहीं पाता, तुम्हारा साम्राज्य
जो फैला है, गलियों से दरवाज़ों तक

तुम्हारे होने से सबके बीच
भय प्रकाशित होता है
साधु-सन्तों की देखा-देखी
कामचोरी और आलस्य के खोल में दुबके
पूरे अज्ञान और गन्दगी के साथ
तुम भी फैलाने लगे हाथ
बहुत ही बेसुरे और कनफोड़ू सुरों से
लेने लगे नाम ईश्वर का

बड़ी सफ़ाई से तुम भूख और नींद का
कर लेते हो जतन
लेकिन कभी-कभी उड़ जाती है तुम्हारी नींद
जब कोई तुम्हारे बीच से चला जाता है चुपचाप

ठंडी रातों में प्लेटफ़ार्म पर
मर जाता है लू से ठोकर खाकर
अपने जख़्म, बीमारी और भूख के साथ
कोई चला जाता चुपचाप

तुम्हारे कटोरे-भर पानी में
उतर रहा है चाँद रोटी की तरह
जा रही है थकान फटे जूतों से बाहर
डरकर अपने आप से
तुम जैसों के लूट लिये गए हिस्से को
लौटाते हैं लोग टुकड़ा-टुकड़ा

तुम्हारे हिस्से के अन्न की कोई जाति, कोई धर्म नहीं
फैले हुए हाथों में
आए दया के उपहार में, सो जा
नींद की अतल गहराइयों में विसर्जित कर थकान
सो जा, भीख से आई समृद्धि के सपनों में।

धूल के लिए लोरी

जब सत्ता ने तय कर दिये
महानता के मानदंड
और अनेक संदिग्ध बना दिये गए महान
तब उनके पराक्रम से रौंदी गई धरती से तुमने जन्म लिया

तिरस्कार और प्रतिशोध की आग में जलती तुम
उड़ने लगीं लोगों की आँखों और चेहरों पर
उन्हें ज़िन्दा दफ़न करती हुई

होकर सवार हवा के कन्धों पर
तुम उड़ चलीं शिखरों तक
मूर्तियों और चित्रों को धुँधलाकर
तुम चली आईं
पत्तियों के आश्रय में
खेलने लगीं किलकते अधनंगे बच्चों के साथ
खुरों और पहियों से कटते धरती के घाव
भरती रहीं उन पर बैठ-बैठकर

बुहारे जाने पर आँगन में बार-बार घुसकर
खाने लगीं गाली, एक बुढ़िया से
न जाने किन सन्धों से घुसकर
ढकती रहीं किताबों को
बारिश में बनकर कीचड़
लिपटती रहीं पैरों से
उड़ती रहीं दुनिया में उद्विग्न और प्रतिशोध से भरी

पेड़ तुम्हारे बेचैन भटकाव के रास्ते में खड़े हैं
विनम्र और आत्मीय ज़िद के साथ
वे तुम्हारे पड़ाव बन जाना चाहते हैं
अपनी पत्तियों पर देना चाहते हैं आतिथ्य
अपने फूलों और फलों पर देना चाहते हैं आश्रय

आज हवा है शान्त, और घोंसलों में गहरी है नींद
सो जाओ डालियों और पत्तियों की आड़ में
अप्रवासी परिन्दों की तरह
सो जाओ कि अब सो चुके हैं
जूते, पहिये और पशु
सो जाओ कि हमेशा तुमसे जागता रहेगा
अशान्त विद्रोही का चेहरा
सो जाओ कि रोज़-रोज़ तुम
मुकुट, सिंहासनों को करती रहोगी, धुँधला और मटमैला
सो जाओ कि एक नई सृष्टि के संकल्प से भरीं तुम
उड़ती ही रहोगी बेचैन।

अनुत्तीर्ण छात्र के लिए लोरी

स्मृति से, किरणों की तरह उतरतीं शब्दों की पंक्तियाँ
टेबल पर पैंतालीस डिग्री आईने की तरह
अगर तुम परावर्तित कर पाते काग़ज़ों पर हू-ब-हू
तो अन्य लोगों की तरह
तुम भी मान लिये जाते प्रतिभाशाली
अगर रटकर झूठ को उतार देते हू-ब-हू
जो इतिहास के सन्दिग्ध तथ्यों के
तुम भी बन जाते गायक या प्रवक्ता, कहलाते मेधावी
दूसरों की प्रभुता और मुनाफ़े के लिए
हो जाते ऊर्जा और पदार्थ के रहस्यों के मामूली जानकार
उतरन की तरह दर्शन और अध्यात्म की पोशाकें
सजा देते संग्रहालयों में; बन जाते उनके धाराप्रवाह वक्ता
तो मान लिये जाते प्रबुद्ध और प्रज्ञावान
ज्ञान के खँडहरों में विचरते प्रेत की तरह
पुरावशेषों और ध्वंस के चिह्नों से लगाते अटकलें
या फिर मरे हुए अलंकारों
और निचुड़े हुए रसों के नपनाघटों से
नापते रहते छन्द की संरचना और बनावट

निरंकुश सत्ता के खेल
सत्ताधीशों की प्रजावत्सलता
उनके कलाव्यसन और विद्यानुराग
हिंसक, बर्बर, लुटेरों और हत्यारों का वहशी इतिहास
तुम्हें होता याद मुँहज़ुबानी
या व्यवस्था में संरक्षित
नफ़रत की पुरातन दीवारों पर

तुम चिपकाते शोधपत्र
तो तुम्हारी विद्वत्ता स्वीकार कर ली जाती

तुम्हारी ग़रीबी ने खोले हैं जीवन के रहस्य
तुम्हारी अरुचि ही रही, तुम्हारा नकार, हरेक कपट और झूठ से
हालाँकि पहचाने नहीं
अपने आसपास मणियों की तरह बिखरे सत्य
तुम्हारे विद्रोह को मिली नहीं दिशा
टुच्चे-सुखों की मरीचिका पूरे जीवन
तुम्हें भी भटकाती रही चूसने और निचोड़ने की शर्त पर

एक तुम ही नहीं अनोखे इस खेल में
और भी हुए हैं तुम्हारी तरह
जिनके उत्तीर्ण होने से
संसार और मानवता बनी रहती कुरूप
अन्धकार हो जाता सघन और अभेद
उनके विद्रोह ने ख़ुद गढ़े अपने हथियार
उन्हें बनाया नुकीला और धारदार
और एक दिन उन्होंने ढहा दिये, छद्म प्रतिभा के दुर्ग
और उस पर क़ाबिज़ आभिजात्य को कर दिया नंगा

आज तुम्हें अफ़ीम की तरह किसने मुहैया कराया है रंगीन लोक
मायावी चित्रपट, यौन विकृतियों के संस्करण ?
हर बार अकेला पड़ जाने पर
घिरती उदासी और लाचारी को
आख़िर किसने दे दी नशे की लत और ग़ुलामी ?
अपने ही हाथों ख़ुद को नष्ट करते
अगर तुम इसे जान पाते
तो कब का पहचान लेते दुश्मन का चेहरा
कब से तुम्हारी घृणा और नफ़रत लेने लगती धार

आज जब तुमसे पहले
तुम्हारी नींद हो चुकी है दर-बदर
और विद्यालय के मैदान

तुम्हारे सपनों के क़ब्रिस्तान बन चुके हैं
तुम्हारे उमंग के आकाश से बरस रहा है ख़ून
ऐसे में तुम्हें
अपनी घृणा और प्रतिकार में जागना चाहिए
तुम्हारे भीतर आकार ले रही हताशा को
अपने ही संकल्प से काट देना चाहिए
तुम्हें पुनर्नवा होकर
रेल की पटरियों, नदी, कुओं, तालाबों
पंखों, छतों, मुँडेरों और डालियों को भूल जाना चाहिए
तुम्हें नशा, ज़हर और आग में
नहीं देखना चाहिए अपना सूर्यास्त
वरना इस तरह अपनी पराजय लिखकर जाने से
तुम भुला दिये जाओगे, एक कायर की तरह
तुम कलंकित ही करोगे अपनी ग़रीबी और वर्ग को
अपने अभावों और संघर्षों पर
तुम तोहमत ही लगा जाओगे
तुम्हारा अन्त, दुश्मनों का जश्न होगा
जो बनेगा तुम्हारे घर का मातम और अभाव

फ़िलवक़्त तुम्हें अपनी गुम पतंगें याद करना चाहिए
झुक आए आकाश में
जैसे पिता की छाया उन्हें लौटा रही हो
ऊबड़-खाबड़ धरती को
माँ-बाप की घट्ठेदार हथेलियों की तरह याद करना चाहिए
अपने हाथों से रोपे गए पौधों पर आ चुके
फूलों और फलों को याद करना चाहिए
अपनी रूखी रोटी और लोटा भर पानी को
अमृत से अधिक पवित्र जानना चाहिए
रोटी और पानी के मेल से बने
सपनों को देखते-देखते
अगले सफ़र के ख़याल में सो जाना चाहिए

अब जबकि पटरियाँ सूनी पड़ी हैं
सूनी पड़ी हैं नदी, कुओं और तालाबों की गोद

पंखों, छतों, मुँडेरों और डालियों पर
सिर्फ़ परिन्दे ले रहे हैं नींद
नशा, ज़हर और आग के द्वारों पर सन्नाटा है
और जीवन उन पर भेज चुका है लानत
ऐसे में तुम्हें अपने ही लौटने की प्रतीक्षा में सो जाना चाहिए
सो जाओ कि
हवा, धूप और बारिश
चट्टानों से लिपटने और सहलाने का
अभिनय करती उन्हें काट रही है
सो जाओ कि
जीवन ने तुम्हें सफल बनाने, परख लिया है
सो जाओ कि
छपे अंक तुम्हारे पदचिह्नों से
काफ़ी पीछे छूट चुके हैं।

एड्स-रोगी बच्चे के लिए लोरी

चाबी ख़त्म हुए खिलौने की तरह तुम आ गए दुनिया में
तुम्हें जन्म दिया मृत्यु ने
और जैसे उसी के रक्त से जगी दीये की लौ
मृत्यु ने रचे तुम्हारे सपने
तुम्हारी आँखों से मृत्यु ही झाँकती रही
देखती रही गुलदस्ते, पढ़ती रही शुभकामनाएँ

सूखे तिनकों की तरह सपनों को तापते किस ट्रेन की प्रतीक्षा में
तुम जाग रहे हो
सारी रात सुनते रहते हो गिरजे के घंटे, कारखानों के भोंपू
और पहरेदारों की सीटियाँ
नचिकेता की तरह तुम्हें किसकी प्रतीक्षा है द्वार पर
तुम्हारी आँखें क्या देखती रहती हैं दिन-रात
हवा में, धूप और रात की निस्तब्धता में

एक बेल खिड़की के शीशे पर चढ़ रही है
और झाँक रहे हैं फूल
सामने पेड़ पर चिड़ियाँ बना रही हैं घोंसला
दूर पहाड़ पर धुँधला अक्स ठहर गया है स्मृति की परत की तरह

तुम्हारे भीतर हर रोज़ मरते हैं, फूल और तितलियाँ
तुम्हारे भीतर हर रोज़ कटती है पतंगें, टपकती हैं चिड़ियाँ
तुम्हारे भीतर उड़ती है राख पुच्छल-तारे की तरह

डूबते जहाज़ पर तुम बिलकुल अकेले हो
ऐसे में तुम्हें लौटना चाहिए अपने भीतर

सब कुछ समेट कर अपने ही शून्य में
ख़ुद को विसर्जित करते हुए
देखते हुए उस अतृप्त काल को
जो जीने की इच्छा में घुन की तरह खा रहा है देह

तुम्हें याद करना चाहिए गोधूलि और लौटती चिड़ियाँ
सबसे ठंडी हवा का झोंका तुम्हें याद करना चाहिए
दीये के मद्धिम प्रकाश में कोई लोरी
एक पालना, पेंडुलम की तरह ध्यान में लाना चाहिए
अपनी उनींदी–पीली पलकों पर
नींद का आह्वान करना चाहिए

ख़याल, उन फूलों की ख़ुशबू का जो खिलते हैं रात में
इन सबके ख़याल में बारिश की हल्की झड़ी याद करना चाहिए

सो जा अपनी ही कल्पना की सृष्टि में
कुतरती मौत से बेख़बर उसी की लोरी के दिलासे में सो जा
सो जा कि उछली हुई गेंद, अब नहीं लौटेगी मैदान पर

सो जा कि पहाड़ की छाती से सटकर सो गई है रात
और मैदान में छूट गए हैं उसके पैरहन
सो जा कि लोगों के भय का
तू बन चुका है दर्पण
सो जा, समझकर ख़ुद को मौसम का फूल
सो जा टूटी किरणों के घोंसले में
सो जा उस विशाल पालदार नाव में
हवा जिसका गंतव्य जानती है।

नर्स के लिए लोरी

बूँद-बूँद घटती सेलाइन की बोतल की तरह
बसन्त जीवन का जा रहा है
कहीं और जीवन की तलाश में जगह बनाने
रोग और मृत्यु से लड़ने
दवाओं और शीशियाँ, गोलियाँ और कैप्सूल
रखे हैं जीवन के शस्त्रागार में

सुबह की धूप तुम्हारी पोशाक पर ठहर गई है
नींद तुम्हारी आँखों को सताने नहीं आती
एक संतरी की तरह तुम मुस्तैद हो
फ़र्श पर ठकाठक सैंडिल बजातीं
नाचती फिरती हो फिरकनी की तरह
बहुत निकट से तुम देखती हो मृत्यु को उतरते
बहुत निकट से दर्ज करती हो जीवन की हलचल
कभी-कभी सुन लेती हो मृत्यु की पदचापें
कह देती हो एक विधवा के कान में
कि 'अब उसे ले जाओ घर की छाँव में'

विदा लेते कितने मरीज़ तुम्हारी मुस्कानों का
जवाब देते हैं लौटकर
कितने परिचय मिट जाते हैं धुन्ध की तरह
मृत्यु से लड़ने में कमज़ोर पड़ते बूढ़ों को
तुम डाँटती हो माँ की तरह
एक-एक लापरवाही पर रखती हो नज़र, परीक्षक की तरह
रात के चौथे पहर देख नहीं पाती
बाहर पेड़ों से गिरती पत्तियाँ

हालाँकि ड्यूटी-रूम में
एक आरामकुर्सी रहती है तुम्हारे इन्तज़ार में
लेकिन तुम अपने सपनों को
स्थगित कर देती हो, दिन के लिए

बदलकर पोशाक, थकी और बोझिल लौटती हो घर
तब शुरू होती है, तुम्हारे हिस्से की रात
सो जाओ कि तुम खड़ी हो जीवन के पक्ष में
कि मरीज़ों की कराहें अब मद्धिम पड़ गई हैं
और ड्यूटी रूम की घंटी
तुम्हारे लिए नहीं बज रही है
सो जाओ कि गुनगुनी धूप
तुम्हें जगाने नहीं आई है
वह मैदान में पसर रही है तुम्हारी खिड़की से दूर
सो जाओ कि लोगों की आँखों में उम्मीद जगाने
जीवन ने तुम्हें चुना है
काले दिनों पर तुम्हारी धवलता फैल गई है

सो जाओ कि अब तुम्हारी जगह धूप आ गई है
पोशाक बदलकर
धूप में खिल रहे मौसम के फूलों की ख़ुशबू
भर रही है तुम्हारे सपनों में
बाहर चहकती, चिड़िया अब चहक रही है तुम्हारे सपनों में
बसन्त के आगमन का सन्देश देती हुई।

कम्पोज़ीटर के लिए लोरी

गहरे स्याह रंग में डूबने से पहले
जमा दिये हैं अक्षर जतन से जकड़कर फ़्रेम में
उलटे अक्षरों से, रहा वास्ता आँखों का, जीवन भर
तजुर्बे से छू-छूकर पहचाने जिनके आकार और नम्बर
जीवन के सीधे-सपाट और नंगे सच को
देख-देखकर जमाते रहे उलटा

क्या स्याह आसमान के फ़्रेम में जमे हैं तारे
कुछ-कुछ इसी तरह
उनका सीधापन बसन्त में उछरेगा पेड़ों पर
रात के फ़्रेम में वह भी कहीं जकड़ गया है, उलटे अक्षर सा
उसके नाम के अक्षर घिसपिट कर टूट चुके हैं
बार-बार उनके चेहरों पर स्याही पोतकर
उन्हें कर दिया ख़ारिज

कोलतार की सड़क चढ़ रही है रोलर पर
पीले बीमार उजाले में
प्रूफ़ जाँचे जा चुके हैं
घर लौटते वक़्त
सब कुछ दिखाई पड़ रहा है उलटा
जैसे साइकिल का हैंडिल
घर की तरफ़ न होकर छापाखाने की तरफ़ हो
जैसे उलटे छप रहे हों, पैरों के चिह्न
ऐसे में चीज़ों को सीधा देखने
ख़ास चश्मे की दरकार है
करवट लेकर लेटी स्त्री का चेहरा

लगता है, जैसे दूसरी तरफ़ हो

रात की नीरवता में, रखी है रोटी तुम्हारे हिस्से की
सोए हैं बच्चे खिलौनों की तरह
जिनके लिए रास्ते भर
मन में खिलती रहीं कहानियाँ
रातरानी, कुमुदनी और रजनीगन्धा की तरह
थकी आँखें और अँगुलियाँ
उलटे अक्षरों से गढ़ नहीं पाई, सच का चेहरा

जिस तरह फ़्रेम में पंक्तिबद्ध कसे अक्षर
बदलकर करवट सो गए हैं, स्याही में
तू सो जा, अपनी नींद के विपन्न एकान्त में
सो जा, सन्नाटा तोड़ती साइकिल की खड़खड़ में
भौंकते कुत्तों के टोकते दुराग्रह में
सन्नाटे के साथ बजती, सीटी, बूट और लाठी के
नीरस संयोजन में
स्मृति की स्लेट पर लिखी कहानियों को पोंछकर सो जा
प्रतीक्षारत स्त्री के स्याह गड्ढों में लुढ़ककर सो जा बेआवाज़
सो जा कि लोगों की आँखों में
सच को पढ़ने की रोशनी बची नहीं
पंक्तियों के बीच, मार दिये गए
या घोंट दिये गए सच को
खोज निकालने का माद्दा, अब बचा नहीं
सो जा कि साइकिल जा चुकी है नींद में
और उलटे अक्षर, मरी हुई मछलियों की तरह
सुबह की सतह पर उतरा गए हैं।

सन्तरी के लिए लोरी

जब घंटा-घंटा मर रही है रात
और गहरी हो रही है मालिकों की नींद
तुम्हारे बूटों की आवाज़ ऊँघती धरती की नींद में ख़लल डाल रही है

तुम्हारी सीटी सन्नाटे की नीरवता नापती है
तुम्हारी संगीन चढ़ी बन्दूक
अँधेरे में आसन्न ख़तरे के लिए लोड है
प्रकृति के शान्त क्रिया-व्यापार तुम्हें चौंका देते हैं

अब जबकि ख़तरा अँधेरे से एकाकार है
और तुम्हारी हरेक हरकत पर वह रखे हैं नज़र
ऐसे में, क्यों पालते हो ख़ुद की और दूसरों की सुरक्षा का भ्रम
दिन में वही ख़तरा झक्क पोशाक में दिखता है
वर्दी उतरवा देने की धमकी देता हुआ
वही ख़तरा तुमसे माँगता है बेटी का दहेज
वही ख़तरा लिखवाता है चिट्ठियाँ क्रूर प्रताड़नाओं की
बीमार औरत के लिए बन्द करता है भव्य-अस्पतालों के द्वार

तुम्हारे बूट उस सन्धि-रेखा पर देते हैं पहरा
जहाँ तुम्हें दोस्त और दुश्मनों में फ़र्क करना है

तुम्हारे पहरे से बेख़बर एक चिड़िया
सो रही है घोंसले में
एक तारा जाग रहा है, उसकी पहरेदारी में
मामूली-सी आहट पर चौंकन्ने तुम्हारे कान
और अन्धकार भेदकर ख़तरा टोह लेती तुम्हारी आँखें

जान नहीं पातीं, आस-पास का ख़तरा
भरभरा कर गिरती दीवारों की आवाज़
तुम सुन नहीं पाते
नंगी आँखों से, सब कुछ साफ़-साफ़ देखकर उसी को बजाते हो सलाम

पहरे के वक़्त तुम्हारी ही चिन्ताएँ जागती रहती हैं
तुम्हारी निगहबानी में
तुम्हारी ही छाया खड़ी है, तुम्हारे प्रतिकार में

नींद का यह वक़्त
धड़कती नब्ज़ और पलकों पर भारी है
पहरे से लौटते तुम्हारे भारी बूट
सने हैं ओस में
ताला-ज़ंजीर के साथ में रायफलें सोने चली गई हैं कोत में
सो जाओ कि कमज़ोर वैसे भी मारे जावेंगे
पहरे के बावजूद
सो जाओ कि बेटी की चिट्ठियाँ, अब पीछा नहीं करेंगी नींद में
कि अब बीमार औरत
रात के गजर से नहीं गिनेगी अपनी उम्र
सो जाओ कि तुम्हारे पहरे के भरोसे
सोते हैं लोग सड़कों पर
सो जाओ ख़ुद से ही बड़बड़ाते सो जाओ उस नींद की स्मृति में
जो बन चुकी है सिर्फ़ जागरण
सो जाओ कि तुम्हारा भोला-ईमान
दुश्मनों को रहेगा याद
सो जाओ कि तुम्हारे न रहने पर भी
लोगों में बना रहेगा, विश्वास पहरे का।

तालाब के लिए लोरी

अब तारे जानने लगे हैं
तुम्हारी आँखों में अपनी जगह
और मछलियाँ उन्हें चुगने भटकती रहती हैं रात-भर

तुम धरती की आँखें हो
तुम देखते रहते हो आकाश
कि जैसे कभी न कभी उतरेगा मसीहा
और उसकी प्रतीक्षा में
सूखते, दरकते रहते हैं किनारे

लोग और पशु तुम्हें भरते रहते हैं
मैल और गन्दगी से
तुम्हारी आँखें संसार से बाहर जाने की खिड़कियाँ हैं
जिनसे कोई-कोई चला जाता है चुपचाप
छपाक् से रात के चौथे पहर

तुममें विसर्जित होती हैं आस्थाएँ
तुममें विसर्जित होती है बारिश
तुममें डूबती हैं इच्छाएँ, तारे तोड़ लाने की

रात के सन्नाटे में स्तब्ध हो रहा है तुम्हारा पृष्ठ
और बनैली आँखें चमकने लगी हैं किनारों पर
कपड़े पछींटती औरतों के सीत्कार
और ठकठक हो चुकी है शान्त
पशुओं के साथ बच्चों की जलक्रीड़ा का शोर
अब थम चुका है

तुम में विसर्जित दीये अब बुझ चुके हैं
हालाँकि किनारे खड़े पेड़
पत्तियाँ फेंककर
तुम्हारी नींद जाँच रहे हैं
तुम्हें सो जाना चाहिए इस वक़्त

सो जाओ अपनी सीमाओं में निर्विघ्न
यह जानकर कि किनारे छोड़ रही है धरती
और चौथे पहर छलाँग लगाती कोई नव-वधू
अब ख़लल नहीं डालेगी तुम्हारी नींद में

सो जाओ कि थिर होकर तुम
आकाश का दर्पण बन चुके हो
सो जाओ, ख़ुद में दफ़न रहस्यों के साथ
तुम्हारी साँसों की धुन्ध
अब सतह पर छा रही है
और नींद में जाने से पहले
तुम्हारे लम्बे हाथ
धीरे-धीरे डोंगियों को धकेल रहे हैं किनारे तक

किनारों पर जमा
झींगुर और मेढकों ने
शुरू कर दिया लोरी-संगीत
सो जा, कि इस वक़्त तू
लोगों की तृप्त बनकर
बुन रहा है सपने, उनकी नींदों में
सो जा कि अभी-अभी ओस ने
डाल दी चादर
तुझमें ऊँघ रहे फूलों पर।

माताओं के लिए लोरी

पहाड़ से उतरती उनकी थकान
रात का सन्नाटा बन रही है
फिर भी बहुत-से काम बाक़ी हैं
उनके हिस्से की नींद में
वे जाग रही हैं
दुनिया पर उनके जागने का कर्ज़ है
खेतों में फ़सलों को
और चूल्हों में आग को राख से ढाँपकर
वे सुला चुकी हैं
दूर पाल लेती नदी की कराह
उनकी साँसों से फूट रही है
दूसरों के भयाक्रान्त सपनों की आवाज़ें
उनके रतजगे को कॉफी है
निस्तब्धता तोड़ती चिड़िया की चीख़
कुत्ते-बिल्ली का रोना
रसोई में चूहों के उत्पात
पड़ोस में बच्चे का रोना
काफ़ी है बेचैन करने के लिए

नींद के महीन परदे के बाहर
उनकी चिन्ताएँ जागती रहती हैं
ज़रा-सी थरथराहट और सिहरन से
उनकी आत्मा की घंटियाँ बज उठती हैं

अपनी गिरस्ती, अपने खेत-खलिहान
अपनी नौकरी और मजूरी से

पस्त पड़े हैं उनके शरीर
लेकिन, उनींदी आँखों से
लोरियाँ गाते-गाते उन्हें भी नींद आ रही है
इनकी नींद के लिए
संसार में नहीं रची गईं लोरियाँ
ठीक इस वक़्त
घर-आँगन को बुहार कर
झाड़ू दुबकी पड़ी है कोने में
निराई, कटाई के बाद
खुरपी और हँसिये खुँसे हैं छप्पर में
गैंती, फावड़े, छेनी-हथौड़े, तसले-सूपड़े
ओखली और मूसल सब पड़े हैं निढाल
चौक, रंगोली, गोबर, गेरू और मिट्‌टी
अपनी उजास पवित्रता में शान्त हैं
चक्की, मथानी, करघे, रेंहट और कुएँ की घिरनी सब
अपनी चकराती दिनचर्या से मुक्त और स्तब्ध हैं

पशुओं की परिचर्या, भूसा-चारा, दाना-पानी, गोबर, कंडे
उनके वात्सल्य से बोझिल हैं
रसोई में तृप्ति और पुष्टि की अद्‌भुत रचनाएँ
चूल्हा, चौका, बासन की उजली पवित्रता
अपनी मौजूदगी में अकेली हो चुकी है
कपड़े-लत्तों में बसती आई धूप
कहीं सोने चली गई है
गगरी और मटके कुएँ के स्तब्ध तल की तरह चुप हैं
रस्सी, पगडंडी की तरह सो गई है धूल में

इस वक़्त सबसे शीतल और मद्धिम हवा को
सबसे ख़ुशबूदार फूलों से होकर
उनके चेहरों पर बहना चाहिए
बलाओं और दुःस्वप्नों को
उनके श्रम के ताप से जल जाना चाहिए
धरती से फूटना चाहिए सबसे सम्मोहक संगीत
सब बच्चों को अपनी नींद के हिस्से से

थोड़ी-थोड़ी नींद इनके लिए छोड़ देनी चाहिए
थोड़े-थोड़े सपने तितलियाँ, पतंगों के
थोड़े-थोड़े सपने धूप और इन्द्रधनुष के रंग
छोड़ देना चाहिए

इनकी नींद की रखवाली में
पहाड़ों को खड़े हो जाना चाहिए बाँधकर हाथ
इनकी धमनियों और शिराओं से
ताप बहा ले जाने
नदियों को बहना चाहिए
बादलों को पूरी आर्द्रता के साथ
इनकी पलकों और माथों को छूना चाहिए
बच्चों की नींद में उतरती लोरियों को
सपनों के असंख्य परागकण लेकर
लौट आना चाहिए दबे पाँव।

उनींदे शहर के लिए लोरी

सो जा, बेचैन उनींदे शहर
हालाँकि बेतरह रौंदी गई है
तेरी धमनियाँ और शिराएँ
सो जा, अपने बीमार उजाले में
अपने धुएँ और शोर में
अपने रक्त के हाहाकार में सो जा

हत्या की चुप्पी में
कुचल मरे लोगों से उपजे
कौतूहल में मुँह ढाँपकर सो जा
सो जा मूर्तियों के भयानक सन्नाटे में
गाहक के साथ जा चुकी
लड़की की परछाईं में
मुँह छिपाकर सो जा

हालाँकि जाग रहे हैं, चौराहे
सीटियों और लाठियों की आवाज़ें
सुन रहे हैं महापुरुष
उनकी पथराई आँखों के जागरण में
छिपकर कहीं सो जा

यहाँ कोई पखेरू नहीं, बदलते मौसम का
कोई पेड़ और फूल नहीं पहचान का
दूर-दूर तक स्वर नहीं त्योहार का
याद्दाश्त खो चुके किसी भिखारी की नींद में सो जा

अपने उदास चश्मों में
जाग रही हैं अस्पतालें
मरीज़ों की नींद और मृत्यु के बीच
काँपते झीने परदों में सो जा

सड़कें जहाँ हर रोज़ स्वागत और उत्सव के लिए सजती रहती हैं
जिन पर दलाल पटाते हैं ग्राहक
उन्हीं निर्लज्ज सौदों के बीच
पसार कर पैर सो जा

अभी भी देर रात, गाड़ियों से
आ रहे होंगे लोग सुदूर से
आँखों में सपने लिये
जबकि तेरी झीलों पर ठहर चुकी है धुन्ध
इसी धुन्ध में छिपी है तेरी पहचान
उसी पहचान को याद करते सो जा, सो जा कि
तेरे पूर्वज-कस्बे की कोई स्मृति
शेष नहीं तेरे ज़ेहन में

तेरा चेहरा उस ख़ुदगर्ज बेटे की तरह है
जो अपने हाल पर छोड़ आया है
लाचार माँ-बाप, आज भी कोई बद्दुआ पीछा करती है
तेरे सपनों में
तेरा इतिहास, तुझ पर
ताक़तवर के काबिज़ होने का
इतिहास है

कमज़ोर, ग़रीबों को बेदख़ल
और निष्कासित करने का बर्बर-इतिहास
लूटने और जलाने का इतिहास
जिसके काले दाग अभी शेष हैं
तेरे जिस्म पर
उसी काले रंग में डूबकर
छिपाकर मुँह सो जा

कल तेरे गर्भ से
जन्म लेंगी ख़बरें
चमकदार झूठ का मुलम्मा चढ़े
शब्द होंगे आँखों के सामने
उनके सफ़ेद झूठ की चादर में
ढाँपकर मुँह, सो जा इस वक़्त

इस वक़्त ख़बर से बाहर
कोई पराजित और निराश
गठरी बाँधे खड़ा होगा ट्रेन की प्रतीक्षा में
कोई लेटा होगा पटरी पर
कोई छपाक् के साथ चला गया होगा अतल गहराइयों में
सुनसान चौराहे पर
कोई नशेला बक रहा होगा गालियाँ
कोई आवारा कुत्तों के बीच
कूड़ेदान में ढूँढ़ रहा होगा जूठन
इनकी पराजित छाया में
छिपाकर मुँह सो जा इस वक़्त।

मरघिल्ले कुत्ते के लिए लोरी

यह मौसम, तेरी नींद के रास्ते में खड़ा है
तेरी मार खाई अधमरी देह और रिसते ज़ख़्म
तेरी नींद के रास्ते में अड़े हैं।
हालाँकि यह तंग गली तेरी जन्मभूमि है और
घूरे का वह कोना, तेरी मातृभूमि है और
इतिहास में तू समकालीन है बहुत बड़े लोगों का

फिर भी तू कुकियाता है बेतरह
अपने रोने से नींद लेती दुनिया पर क्यों भेजता है लानत
सो जा कि यह रात है बेरहम
लेकिन पेड़ों ने गिराए हैं पत्ते
घुसकर सो जा उन्हीं के ढेर में

तेरी नींद की हिफ़ाज़त में
पिता की तरह खड़े होंगे पेड़
जाड़े–पाले और बारिश के ख़िलाफ़

सो जा कि दुनिया से जा चुकी हैं लोरियाँ
और वह चाँद, पीले सिक्के की तरह
गिर रहा है झील में

सो जा कि लोग अब भी छोड़ देते हैं जूठन
बच्चे नहीं खाते अपने हिस्से का पूरा भाग
पाले में पेड़ों से टपक पड़ती हैं चिड़ियाँ, तेरी भूख में

सो जा और मत भौंक
दबे पाँव जा रही बलाओं पर
मत भौंक ज़रा-ज़रा सी आहटों पर
मत बजा पहरा, फोकट में

सो जा कि कल उठेगी रसोई से गन्ध
और भरे होंगे मुसाफ़िरख़ाने
लोग तापेंगे आग गोल घेरों में
फिर लगाना चक्कर इनके आस-पास
फिर अपनी दोस्ती का वास्ता देकर हिलाना पूँछ
फ़िलवक़्त डूबकर सो जा, जूठन के सपनों में
कि नींद पूरी नहीं पड़ रही सबके हिस्से में।

रातपाली मज़दूर के लिए लोरी

तुम्हारी रातों ने
बदल ली हैं पाली दिन से
तुम्हारी नींद ने बदल ली हैं पाली, जागरण से
सूरज ने बदल ली हैं पाली चाँद से, सुबह की रोशनी और
आज़ादी का अर्थ
तुम्हारे लिए बेमानी हो चुका है

जिस वक़्त दुनिया ईश्वर को चिल्लाती है
और चिड़ियाँ सूरज को
उस वक़्त तुम्हें थकान धकेल चुकी होती है
नींद की खाई में
उस वक़्त दुनिया का शोरगुल
सपनों से आता लगता है
तुम्हारे साथ ऊँघने लगती है साइकिल

तुम्हारे जागरण और ख़ून-पसीनों से
जो बढ़ रही है दौलत
उसका इस देश से नहीं रह गया वास्ता
तुम्हारे जीवन से नहीं रह गया है, उसका रिश्ता

इस वक़्त घास ने उतार फेंकी है
ओस की चादर
और पत्तियाँ खुल रही हैं आहिस्ता-आहिस्ता
दौड़ रहे हैं हॉकर लेकर अख़बार
जिनमें तुम्हारी कोई ख़बर नहीं है

मैदान झंडियों से सज चुके हैं

दौड़ रहे हैं वाहन
गहमागहमी है सड़कों पर
पधार रहे हैं महामहिम
हमेशा की तरह
चन्द नौकरशाहों के लिखे सन्देश, घोषणाएँ और वादे
दोहराए जाने वाले हैं

इस वक़्त तू सो जा
सो जा, कि जा चुका है सड़क का नल
और धुएँ ने अपनी गिरफ़्त में ले लिया है तेरा आसमान
जा चुकी है रात, समेटकर अपने रहस्य और वैभव
डूब चुका है ध्रुवतारा बर्फ़ की निस्तब्ध उदासी में
सो जा कि शाम घिरने पर
काली ज़ंजीर की तरह लेने आएगी भोंपू की आवाज़

सो जा, कि माँ की तरह
सदा जागता है कोई
तेरे सोने को देखता हुआ
तेरी तरह अभी कई लोग हैं
रोटी का पीछा करते
डूबे, ग़ुलामी के अभिशाप में
सो जा कि उनका सूरज अभी निकला नहीं
यह कोई और सूरज है काम पर ले जाने वाला
अन्य लोगों के उत्सवों में धूप भरने वाला

सो जा कि रात तुझे लेने आएगी
अपने रहस्यों में शामिल करने
सो जा कि रातपाली बदल कर
आ रहा है सूरज
तेरे हाथों की आग के संकेत
और उदासी के मर्म
खुल रहे हैं शब्दों में
इधर, बेतरह बेचैन हूँ इस वक़्त
सोचता, तुम्हारी नींद के बारे में।

बाल मज़दूर के लिए लोरी

कठोर और भयानक समय ने
तुम्हारे चेहरे पर छोड़ दिये हैं, अपने चिन्ह
हथेलियों पर वह उछर चुका है घट्ठों की शक्ल में
उठती हुई पतंग को, थपेड़ों ने गिरा दिया है, मैदान पर

सुबह स्कूल के घंटे के साथ-साथ चीख़ रहे हैं
सायरन और भोंपू
बाहर दरवाज़े पर तुम्हारा नाम लेकर
चीख़ रहा है मोटा, काला और भद्दा आदमी
जिसे ख़तरनाक और नाज़ुक कामों के लिए
तुम्हारी अँगुलियों की दरकार है
उसी ने लिखाई है तुम्हारी उम्र अठारह साल
वहाँ वह लड़का भी है
जो तुम्हें इतवार को ले गया था मौज-मस्ती करने
तब उसकी जेब में नोट थे
और जिसने बताया था कि
ऐसे नोट तुम्हें भी मिल सकते हैं
और एक दिन वह तुम्हें ले आया फाँसकर, काम पर
अब वह खाँसता है कोने में
और आँखों के नीचे बढ़ रहे काले गड्ढों में
समय के सूखे अंकुर टटोलता है
खुजाता है देह बेतरह, खजियाये कुत्ते की तरह
खींचकर गहरा कश, एक बूढ़े के मानिन्द, अपलक
ताकता है आसमान

अब तुम्हारे लिए खेल के मैदान

बंजर को चुके हैं
धूल, धुआँ और ज़हरीली चीज़ों ने
सोख लिया है तुम्हारा सत्त्व
छिलके की तरह पड़ी है तुम्हारी देह
नींद के मुहाने पर
आँखों की जलन और खाँसी
तुम्हारी नींद के ख़िलाफ़ हो चुकी है
तुम्हारी शिथिल पेशियाँ और दुखते जोड़
लड़खड़ाकर गिर पड़े बैल की तरह जवाब दे चुके हैं
सब कुछ एक-एक कर भूख की आग में झोंक चुके हैं

पिता की नज़र एक दिन तुम्हारे बचपन पर पड़ गई थी
जिसके सपनों को, सिक्कों में ढाला जा सकता था
तुम्हारी परवरिश और पढ़ाई के लिए
नाकाफ़ी थी मजूरी
तुम्हें लगा दिया गया जोखिम के कामों पर, आधी दिहाड़ी पर
वही काला, भद्दा आदमी तुम्हारे कानों में
होड़ जगाकर, बढ़ते लालच में
फेंक जाता है कुछ नोट
बहुत जल्द, वह तुम्हें नीबू की तरह
पूरा निचोड़ लेना चाहता है
तुम्हारी थकान में, मरे सपनों के अंकुर तैर रहे हैं
और घड़ी के अलार्म की तरह चल रही है नींद
तुम्हारी साइकिल में बँधा टिफ़िन फिर से साफ़ हो चुका है
तुम्हें जल्दी सुला देने की, सभी को चिन्ता है
रहस्यमय नींद कब तुम्हें ले लेगी अपने आगोश में
तुम्हारी बेचैन देह यह जान नहीं पाएगी

इस वक़्त तुम्हारी तरह पीला पड़ चुका है चाँद
और वह बादलों में मुँह ढाँपने
खिसक रहा है धीरे-धीरे
इस वक़्त उनींदी हवा झल रही है पंखा
विसर्जन गीत की तरह, लोरियाँ
दिशाओं के झीने परदों में चली गई है, पत्तों के साथ

चीज़ों को निरन्तर झाड़ते, पोंछते, माँजते, चमकाते
और काटते, फोड़ते, कूटते, जोड़ते तुम्हारे हाथों की हलचल
अब शान्त हैं
तुम्हारे परोसते हाथ
और अनगिनत चेहरों से बेख़बर आँखें
अब बचे-खुचे खाने पर टिक गई हैं

सो जाओ कि लोगों की प्रसन्न आतिशबाज़ी में
तुम्हारे ही सपने झरकर राख में बदल रहे हैं
लोगों के बीड़ी के कश में, तुम्हारे फेफड़े जवाब दे रहे हैं
तुम्हारा ही अँधेरा गहरा हो रहा है
सो जाओ कि तारों से जुड़कर विज्ञान का प्रवाह
तुम्हारे ही पैरों की ज़मीन छीन रहा है, निरन्तर
सो जा कि पिता-समय ने तुम्हें सौंप दिया है यम को
सो जाओ कि तुम्हारे हाथों से रची सृष्टि
समय की बेचैनी बन रही है।

गूँगे बच्चे के लिए लोरी

तुम्हारी प्रसन्नता या उदासी
बुलबुलों की तरह उठकर
आँखों की सतह पर आ गई है
इस वक़्त उसे पढ़ने
कहीं कोई आँखें नहीं, तुम पर लगी हुई
सम्भव है, मन-ही-मन, अँगुलियों तक आते शब्द हों
काग़ज़ पर उतरते
तुम्हारी आँखों के चित्रपट पर

दुनिया और उसकी हलचल
घट रही हैं, मूक-चित्रों की तरह
तुम चीख़ नहीं पाते
डूबते हाथ को ऊपर खींच लाने
तुम चिल्ला नहीं पाते
किसी निर्णायक की तरह
तुम देखते रहते हो जीवन का खेल
दबे पाँव आते-जाते मौसम
और जीवन की धूप-छाँव के तुम साक्षी हो

जितनी गन्ध है धरती में, रोशनी में, जितने रूप हैं
तुम साक्षी हो, उन सबके
हालाँकि, दृश्य में ठहर चुकी मूक-बधिरता में, एक धमाका कर
उठाकर शब्दों की तख़्ती से दे सकते हो सन्देश
सम्भव है, तब हत्यारे हो जाएँ—दुश्मन, तुम्हारी आँखों और हाथों के
तुम पढ़ते रहते हो
प्रकृति का निश्शब्द वैभव

तुम अपने दृश्यों से रच लेते ही संगीत, भीतर–ही–भीतर
जिसे कोई जान नहीं पाता

पिघल कर काले पहाड़, तुम्हारी रात बन रहे हैं
आँखों को पत्तों की तरह बन्द कर रही है, नींद
ख़ाली पालने में लेटी हवा को
हवा ही झुला रही है बेआवाज़
नावों के पालों में बैठी हवा को
हवा ही ले जा रही है, तफ़रीह पर
सिर्फ़ जुगनू और बिजली
तुम्हारी नींद के घर में दाख़िल हो रहे हैं
बाहर छूट गए हैं झींगुर, मेढक और गरजते बादल
गाती हुई बारिश बाहर छूट गई है
हालाँकि तुमने सुनीं नहीं लोरियाँ
लेकिन उसके दीप्त स्वर, ले आए हैं जुगनू, देहों में छिपाकर
फूलों और मिट्‌टी की गन्ध से
छा गया है नींद का वशीकरण
सो जाओ कि तुम्हारे भीतर बज रहा है रक्त का संगीत
देह के जंगल में गुम, घड़ी की नब्ज़ बज रही है
तुममें ठहर गया है सृष्टि का आदि–मौन
सपनों के संवाद, आ नहीं पा रहे सपनों से बाहर

सो जाओ कि कल तुम्हें
कोई आवाज़ नहीं जगाएगी
सिर्फ़ ख़ुशबू और रोशनी तुम्हें उठा देंगी थपथपाकर
फिर बिठा देंगी
गुप–चुप घट रहे संसार की ट्रेन में।

घास के लिए लोरी

धरती की कठोरता ढाँपने
और सुख-दुख उसका व्यक्त करने
हवा में उड़ते बीजों में छिपकर
तो कहीं, लहरों से बहकर
तुम आ गईं दुनिया में
छितरा गईं हर तरफ़ बे-तरतीब
मजूरों के बालों की तरह

तुम्हारी नींद, हवा के थमने पर निर्भर है
वैसे तुम इस वक़्त
असंख्य पशुओं के पेट में जाकर
बन रही हो उनकी नींद
उनमें फैल रहे हैं सपने, धरती के
तुम लौटा रही हो, धरती को
और उर्वर बनाती हुई
मजूरों के हाथों, बनकर रस्सी
जा रही हो किसानों और आततायियों के बीच
तनी हो छप्पर बनकर
निर्मम मौसम के खिलाफ़
चिड़ियों के घोंसले तुमसे बुने हैं

तुम्हीं हो मनुष्य का अन्तिम बिछौना
और आग की संवाहक
अपने नन्हें से नन्हें रोएँ पर
थामे हो ओस
गंगा के लिए तुम शिव की जटा न सही

फिर भी निरन्तर खटते, करोड़ों भगीरथों की
बूँद-बूँद इच्छा को सहेजे हो
मिट्टी के निर्गम को रोकती, तुम फैली हो धरती पर ओर-छोर
तुम्हारे भीतर नींद ले रहे जीव-जगत के साथ
तुम्हें भी सो जाना चाहिए

हो जाना चाहिए हवा को शान्त इस वक़्त
तुम्हारी जड़ें, धरती के अमृत में गड़ी हैं
तुम्हारा जीवन, हवा में उड़ते बीजों में छिपा है
तुम छिपी हो पक्षियों की बीट में, जल में और थल में
धरती के उजाड़ उपेक्षित कोनों तक फैली है तुम्हारी वंशबेल

खुले आसमान के नीचे
निर्भय और झूमकर जीना सिर्फ़ तुम जानती हो
इस वक़्त जब हवा,
सूखी पत्तियों के साथ खेलने
कहीं दूर निकल गई है
इस वक़्त, तू सो जा,
सो जा, कि आततायी पड़े हैं तेरी जड़ों में निढाल
मादाओं के थनों में
तू उतर रही है दूध बनकर इस वक़्त
तेरे होने से, धरती पर रौनक है
सो जा अपने ही अमर और असमाप्त सपनों में
अपने अनन्त आकारों के साथ, तू सो जा
सो जा, तारों को गिनते-गिनते
धरती की सबसे विनम्र
और बेनाम पहचान
सो जा, इस वक़्त।

❑❑❑